가야국 역사 조작과 세계유산 등재 과정의 역사 복원 리포트

날조한 역사, 지워진 진실들

가야국 역사 조작과 세계유산 등재 과정의 역사 복원 리포트

날조한 역사, 지워진 진실들

발행일	2025년 12월 5일
지은이	김영진
펴낸이	손형국
펴낸곳	(주)북랩

출판등록 2004. 12. 1(제2012-000051호)
주소 서울특별시 금천구 가산디지털 1로 168, 우림라이온스밸리 B동 B111호, B113~115호
홈페이지 www.book.co.kr
전화번호 (02)2026-5777   팩스 (02)3159-9637

ISBN 979-11-7598-018-1 03910 (종이책)   979-11-7598-019-8 05910 (전자책)

잘못된 책은 구입한 곳에서 교환해드립니다.
이 책은 저작권법에 따라 보호받는 저작물이므로 무단 전재와 복제를 금합니다.
본 도서는 (주)북랩이 보유한 리코 인쇄 장비 등 자체 생산 인프라를 통해 제작되었습니다.

작가 연락처 문의 ▶ ask.book.co.kr
전용 게시판에 문의를 남기시면 저자에게 직접 전달됩니다.

(주)북랩 성공출판의 파트너
북랩 홈페이지와 SNS에서 다양한 출판 솔루션을 만나 보세요!

홈페이지 book.co.kr • 블로그 blog.naver.com/essaybook • 출판문의 text@book.co.kr
카톡채널 북랩

가야국 역사 조작과 세계유산 등재 과정의 역사 복원 리포트

날조한 역사, 지워진 진실들

김영진 지음

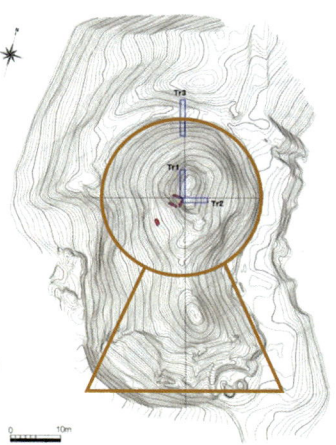

왜곡된 역사를 바로잡는 일은
미래를 지키는 가장 강력한 힘이다!

유네스코 등재 과정의 숨겨진 진실부터
식민사학이 남긴 오래된 조작까지,
시민 역사학자의 집념으로 밝혀낸
가야국 역사의 결정적 진실

북랩

머리말

　서기 663년 8월, 신라국과 당(唐), 백제국과 백제 왜(倭)의 양측이 각각 연합하여 동아시아 최대의 첫 세계 전쟁인 백강구 전투에서 충돌하게 되고, 거기서 백제국과 백제 왜(倭)는 완전히 패전하게 된다. 그리고 백제국의 명칭은 영원히 사라지게 되었다.

　하지만 완전히 패망한 백제국의 왕족과 귀족들, 또 셀 수도 없이 많은 백제국의 유민들은 울분을 삼키면서도 공포감에 휩싸인 채로 대마도를 넘어 현해탄(玄海灘)을 건넜다. 점차 그들은 왜(倭) 열도 안에서 생활의 안정을 찾게 되고, 재정착하면서 패망하여 수치스러운 백제국의 흔적을 완전히 지워 나갔다. 그러면서 나라를 새롭게 세운 국가의 이름이 바로 '일본'이다. 그것은 원래 백제국 사람들이 왜(倭) 열도를 두고 일컫던 말로써 '해가 일찍 뜨는 곳'을 의미하는 별칭 혹은 미칭으로 부르던 말이었다.

　그러나 문헌 사료와 일본 열도 전역에 광범위하게 분포된 셀 수도 없이 많은 유물·유적의 흔적은 지울 수가 없었다.

　그 옛날 고구려국의 광개토태왕과도 비견되었던 위대한 근초고 대왕 시기에 그들은 찬란하고 자랑스러운 백제국의 역사서를 남기고자 역사서 『서기』를 편찬했다. 그 후 660년 멸망하기 이전까지는 백제국의 후·왕 제도 정치 체제의 제후국이었던 섬, 그 왜(倭) 열도로 건너가 정착한 그들은 새로운 역사를 기술하며 '만세일계'로 일본 왕실의 가공된 신화와 역사적 사실을 취사선택해서 편찬하게 된다. 그 과정에서 패전·패망한 치욕적인 백제국의 역사는 지우고, 새롭게 시작하는 국호 '일본'의 자부심과 자긍심을 높이고자 기존 백제국의 역사서인 『서기』를 모방하여 그 앞에 새로 건국한 일본이라는 명칭을 붙인 역사서가 바로 720년에 편찬된 『일본서기』이다.

우리가 알고 있는 역사 서술이 과연 사실일까? 그리고 제대로 알고는 있을까? 우리는 학창 시절부터 교과서와 유튜버들, 언론 혹은 영화나 드라마·다큐 등을 통해 역사를 수없이 접하고 익혀 왔다. 그 시대마다 진실이라며 서술한 그 역사 기록을 서술된 대로 과연 사실로 받아들여야 할까?

이 책은 그 본질적인 물음에서부터 출발한다. 우리 역사 서술에서는 의도적으로 지워지고 우리들의 기억 속에서도 잊힌 나라와 사건들, 그리고 그렇게 사라졌던 역사적 진실과 사실들. 이러한 것들이 왜, 어떻게 지워졌는지를 추적해 가는 긴 여정을 지금까지 밝혀진 논거를 토대로 그 미로를 따라 찾아가면서 시작한다.

인류의 역사를 기술하는 방식은 다양한 이해관계와 새로운 권력의 형성에 따라 재구성되고, 또 편리(便利)에 맞춰 기록된 게 지금까지도 꾸준히 전승돼 왔다. '역사 서술은 승자들의 기록'이라는 말처럼, 상대편 패자들의 이야기는 지워지고 왜곡돼 서술되기가 일쑤였다.

대한민국의 역사 기록도 역시 예외가 아니며, 우리는 대일항전기(일제강점기)와 냉전의 시대적인 영향 속에서 한국 고대사의 많은 부분이 축소되거나 왜곡 전달되고 학습·전수되어 왔다.

주로 이러한 승자의 관점에서 역사서의 서술 왜곡은 단지 과거만의 문제가 아닌, 현재와 미래의 한(韓)민족 정체성과 자존에도 크게 영향을 끼쳐 온 것이기에 우리에게 아주 중대한 문제로 대두되기도 했다.

1945년 해방 이후에도 일제의 조선총독부 직속 조선사편수회 출신인 반민족행위자 이병도와 신석호는 서울대와 성균관대, 고려대 등 교수직과 교육부 장관, 국사편찬위원회 위원장까지 맡았다. 그들은 만행에 가깝도록 일제가 뿌리 깊게 심어 놓은 식민사관으로 우리 초·중·고의 한국사 교과서를 집필하였고, 그것은 지난 80년 동안 우리의 자주적이고 독창적이며 웅대한 민족혼과 정신의 줏대를 거의 황폐화하다시피 해왔다.

그러하였기에 지금껏 우리 역사는 혼이 빠져나가 얼이 나간 상태가 되었고, 우리가 자주적인 시각으로 우리 역사를 통찰하질 못하였다. 해방 이후에도 80년을 지나왔고 그것으로 인해 여러 번 국가의 존립조차도 심하게 큰 곤경과 마주쳐 위험에 처하게 되는 문제들의 발생 원인이 되어 왔다. 하지만 아주 현명하고 자랑스러운 민중들의 힘으로 그것을 이기고 잘 극복해 온 것 또한 우리 앞에 현실적으로 놓여 있는 현 상태라고 본다.

이 책을 발간하면서 단지 단순한 과거 사실들의 되짚음이 아닌, 현재 우리의 참된 본 형체와 미래를 위한 바른 역사를 복원하고 전승하는 길라잡이가 될 것이라고 굳게 믿는다. 이는 또한 1차 문헌 사료와 유물·유적지를 일일이 찾아가며 예리한 관찰력으로 바른 역사를 통찰하고, 오늘의 우리와 다음 미래 세대를 위한 바른 역사 교육 전수까지도 염두에 두고 논증에 근거해서 기술해 나간다.

그 이유는 논증으로 입증될 만한 것이 올바른 역사적인 사실로 서술되고 또 그게 온전히 드러나지 않는다면, 올바른 역사적 관점의 가치관과 우리들의 정체성 또한 날개를 잃고 날 수가 없는 새들의 처지나 다름이 없다고 확신하기 때문이다.

가야국 역사 조작과 세계유산 등재 과정의 역사 복원 리포트, 『날조한 역사, 지워진 진실들』은 긴 세월 동안 우리 역사에서 주변부로 밀려나 있었던 가야국의 역사를 그 중심에 두고, 특히 일제의 식민사관과 그것을 추종해 온 한국 역사 매국 사학의 왜곡·날조된 역사 서술과 오랜 침묵으로 묻혀서 잊힌 진실과 사실을 다시 밝혀내고 조명하고자 한다.

이 책은 학문적인 근거와 엄밀함을 기본 토대로 유지하되 대중이 더 쉽게 이해할 수 있는 서술 방식으로 각각의 장마다 도표와 사례, 시각적인 자료 등을 알맞게 구성하여 이해를 돕도록 배치하고 좀 더 설득력을 높이는 데 중점을 뒀다.

이러한 여러 일들은 한 개인의 연구·분석과 열정만으로는 결코 '이루어지는 게 아니라는 사실'이다. 지역 사회 시민공동체의 기억과 보존, 방치되고 훼손을 막기 위해 오랫동안 유물·유적을 지켜온 사람들, 그리고 바른 역사 정의를 되찾기 위해 몸소 애쓰신 분들이 아낌없이 흘린 땀과 노고가 있었기에 가능했다는 점을 말하고 싶다.

1차 문헌 사료와 유물·유적을 연구하면 할수록 그 역사 기록의 진실이 멀리 동떨어진 곳에 있는 게 아니라, 지금도 우리가 살아가고 있는 주변 가까이에도 늘 존재해 왔다는 것이다. 단지 그것에 대해 그저 고개만 돌려 외면하지 않고, 세심하게 깊이 바라보고 애써 진실을 찾고자 하는 그 '용기'야말로 올바른 역사 복원의 길을 향한 웅대한 첫걸음이고 훌륭한 시작점이라 믿는다.

이 책은 1차 문헌 사료를 바탕으로 한 유물·유적을 실증적이고 과학적인 접근방식을 통해 우리 가야국 강역사(疆域史)를 더 쉽게 이해하고 읽히기를 바란다. 또한, 바른 역사 회복이 시급한 실정에서 오랜 연구와 분석을 토대로 '지행합일'이라는 실천적 행동까지 모아 함께 집필하였다. 오늘의 우리와 내일의 다음 세대에게 더 균형 잡히고 바른 역사 인식력과 올바른 가치관을 얻고 형성하는데, 작은 길라잡이가 되기를 진심으로 바란다.

4358(2025)년 11월 가을
저자 **김영진** 올림

추천사

독립운동과 역사운동이 하나였던 독립운동가들처럼!

　내가 김영진 전 경남도의원을 처음 만난 것은 가야사 때문이었다. 일제가 한국을 점령한 후 제국 차원에서 조직적으로 왜곡한 역사가 '가야사'이다. 오죽했으면 단재 신채호 선생이 『조선혁명선언』에서 "조선 사람으로 혹 조선사를 읽게 된다 하면 '단군을 속여 소전오존의 형제'라 하며, '삼한시대 한강 이남을 일본 영지'라 한 일본 놈들 적은 대로 읽게 되며"라고 비판했겠는가? 일제는 한국 강점이 침략이 아니라 고대사의 복원이라는 논리를 만들기 위해서 가야를 고대 '야마토 왜'의 식민지였던 '임나'라고 왜곡했다. 그 근거로 『일본서기』「신공 49년(249년)」조의 기록을 제시했는데, 이 249년에 제멋대로 120년을 더해서 369년의 기록이라고 조작하고는, 369년부터 562년까지 야마토 왜가 가야를 식민지로 경영했다는 '임나일본부설'을 만들어 냈다.

　1945년 8월 15일 일제가 패망했을 때 일제가 만든 '식민사관=황국사관=총독부 사관'도 함께 패망했어야 하지만, 미군정과 이승만

정권이 다시 친일 세력을 부활시키면서 건재하게 되었을 뿐만 아니라 더욱 공고해졌다. 신채호 선생이 여순감옥에서 신음하고 있을 때 조선총독부 직속의 조선사편수회에 근무하면서 한국사를 난도질하던 이병도·신석호가 한국 역사학계를 거의 100% 장악하면서 일제 식민사학은 해방 후 주류로 행세하게 되었다. 프랑스로 치면 나치 역사관이 나치 패망 후에도 그대로 프랑스의 주류 사관이 된 것이다.

황국사관을 계승한 남한의 식민사학은 '임나일본부설'이란 용어에서 '일본부'만 삭제한 채 그 주장을 그대로 살린 '임나=가야설'을 학계의 '정설'이라고 주장하면서 우리 국민의 역사관을 일본 우익들의 노예로 만들었다. 심지어 가야 고분군을 유네스코에 세계문화유산으로 등재 신청하면서 경남 합천 옥전 고분군을 『일본서기』에 나오는 임나 7국 중의 '다라국'으로 명기하고, 전북 남원을 『일본서기』에서 말하는 야마토 왜의 식민지 '기문국'으로 명기해서 순국선열들과 애국지사들의 피로 되찾은 대한민국 역사를 일본 극우파들에게 헌상하려고 했다.

식민사학자들의 현실 규정력이 워낙 막강했고 거의 모든 국민이 식민사학만 배워 왔기 때문에 나라 역사가 통째로 일본 극우 세력에게 넘어가는데도 무엇이 문제인지조차 모르는 암담한 상황이 계속되었다. 이때 김영진 전 도의원이 식민사학의 가스라이팅을 걷어내면서 가야사 왜곡을 바로잡는 역사운동에 뛰어들면서 나와 만

나게 되었다. 경남도의회 기획행정위원회 위원장으로서 도의원 임기 마지막 날, 창원의 경남도의회에서 가야사 관련 학술토론회를 개최했는데, 이를 계기로 한국의 역사학계, 특히 고대 사학계가 가야사를 일본 극우 세력들에게 헌납하려는 사실이 여실히 밝혀졌다. 그리고 호남 지역에서 때마침 전라도를 고대부터 야마토 왜의 식민지라고 기술한 『전라도 천년사』 문제가 터져 나오면서 전국적인 역사 바로 세우기 운동이 거세게 일어났다. 이 운동에서 김영진 전 도의원은 항상 선봉이었다.

김영진 전 도의원이 남다른 점은 스스로 가야사 연구의 필요성을 느끼고 당시 내가 근무하던 순천향대학교 대학원에 등록해서 가야사를 전공했다는 점이다. 이번에 출간하는 『날조한 역사, 지워진 진실들』은 김 전 도의원이 가야사를 바로잡기 위해서 낮에는 유네스코 세계유산으로 등재된 7개 가야국 고분군이 있는 각 지역 박물관을 답사하고, 밤에는 가야사 관련 1차 사료들과 씨름했던 '주답야독(晝答夜讀)'의 결과물이다.

나를 비롯한 학자들과 역사 시민운동가들이 가야사를 비롯해 일본 극우파들과 중국 동북공정 등이 왜곡한 한국사를 바로잡기 위해 동분서주하면서 크게 아쉬웠던 부분이 우리 역사를 올바르게 인식하고 있는 정치가들을 만나기가 힘들었다는 점이다. 지금은 다행히 국회에 '우리 역사 바로 알기 의원 모임' 같은 조직도 생겨났고, 새 대통령의 주요 정책 과제 중에 '역사적 사실에 기반한 역사 교육 강화'와 같은 내용이 포함되는 등 상황이 개선되고 있지만, 아직도 올바른 역사의식을 가진 정치가가 크게 부족한 것이 우리의 현실이다.

돌이켜보면 우리 독립운동사의 주요한 특징 중의 하나는 저명한 독립운동가들 다수가 역사학자였다는 점이다. 단재 신채호 선생은 말할 것도 없고, 대한민국 임시정부 2대 대통령 백암 박은식 선생, 대한민국 임시정부 초대 국무령 석주 이상룡 선생 등이 역사학자이자 독립운동가다. 프랑스처럼 광복 후 이분들이 한국의 정치권력을 장악했다면 일제 식민사학과 뉴라이트 역사학은 지금 우리 사회에서 발붙일 곳이 없었을 것이다. 불행하게도 해방 후 친일 세력들이 다시 정권을 장악하면서 이분들의 역사관을 가르치는 대한민국의 사학과는 한 개도 없기에 이분들의 역사관은 학교 교육 현장에서도 찾아볼 수가 없게 되었다.

그러나 '유구한 역사와 전통에 빛나는 우리 대한국민은 3·1운동으로 건립된 대한민국임시정부의 법통과 불의에 항거한 4·19민주이념을 계승'한다는 대한민국 헌법 전문에 맞는 역사관이 우리 국민의 상식적인 역사관이 될 때 비로소 이 나라는 진정한 독립 국가가 되는 것이고, 좀 더 정의로운 사회가 되는 것이라고 나는 믿는다. 김영진 전 도의원에게서 나는 독립운동과 역사운동이 하나였던 독립운동가들의 모습을 언뜻언뜻 본다. 독립운동가들의 역사관이 우리 국민의 상식적 역사관이 되는 사회를 만들기 위해 온 몸을 던지겠다는 김영진 전 도의원의 다짐이 현실로 바뀌는 날이 순국선열들이 지하에서 덩실덩실 춤추는 날이 될 것이라고 나와 역사 시민운동가들은 함께 믿는다.

이덕일

(한가람역사문화연구소장, 동방문화대학원대학교 교수)

추천사

왜곡된 역사를 향한 외침

　모든 존재는 시간과 공간 속에서 자신의 존재를 드러낸다. 수직적 시간과 수평적 공간 위에 인간의 삶도 펼쳐지며, 이를 기록하거나 유물과 유적으로 남긴 것을 이름하여 '역사(歷史)'라 한다. 또 역사를 서술한 사람을 '역사가'라 하는데, 인류 역사에서 가장 유명한 이는 고대 중국의 전한 시대『사기(史記)』를 저술한 사마천(司馬遷)이다. 소납도 대학 시절에 읽었는데, 출가 전까지 읽었던 책 중에서 가장 기억에 남는 책이었고, 사기(史記)』는 시대를 넘어 수많은 사람들에게 영향을 미쳤다.

　사마천의 일생은 존경받을 만했고, 그가 저술한 책이 인류의 위대한 문화유산임에는 틀림이 없다. 하지만 시간이 흘러 소납이 역사를 진지하게 탐구해 보니, 그가 한족(漢族)의 입장에서 동이족(東夷族)의 역사를 심각하게 왜곡했다는 사실을 알게 됐고, 이후 그에 대한 평가를 다시 하게 되었다. 왜냐하면 역사는 '진실을 서술해야 한다.'라는 학문 본연의 목적을 그가 저버렸기 때문이다.

　알고 보면 고대부터 중국만 그러한 게 아니라 서기 720년에 편찬된 이웃한 일본의 역사서인 『일본서기』 역시 그러한데, 허구와 과장으로 점철된 곳이 어디 한두 군데가 아니다. 하지만 중국과 일본이 고대의 역사적 사실을 왜곡하고, 그것을 바탕으로 잘못된 해석으로 국민을 세뇌시킨다 해도 우리가 뭐라 말할 수 없는 부분이 있다. 하지만 이에 근거하여 우리의 역사를 침탈하려 한다면, 이는 심각한 국가적 문제로 비약될 소지가 다분하다.

그래서 과거 우리 조상들은 우리 입장에서 자주적인 역사를 기술해 왔고, 근세에도 단재 신채호와 백암 박은식 선생님을 비롯한 독립운동가들이 우리 역사를 지켜 왔다. 하지만 해방 후에도 식민사학을 청산하지 못한 주류 사학계는 지속적으로 심각한 역사 문제를 일으켜 왔고, 이 때문에 이를 바로 잡으려는 민족사학계와 치열한 역사 내전(內戰)을 치루어 왔다.

이러한 작금에 우리 역사를 바로 세우려는 신념을 가슴에 새기고, 온몸을 던지는 한 사내가 있으니, 바로 김영진 전 경남도의원이다. 그는 학원을 운영하는 교육자로서, 역사가 청소년과 국민의 바른 정신 함양과 가치관 형성에 얼마나 중요한 영향력을 끼치는지를 누구보다 잘 알고 있는 사람이다.

김 전 의원이 비록 역사학에 입문한 지는 오래되지 않았지만, 뜨거운 열정과 신념으로 생업 이외의 거의 모든 시간을 역사 공부에 천착해 왔다. 이뿐만 아니라 그는 진실이 밝혀질 때까지 끊임없이 질문하며 역사적 현장을 답사해 끝내 사실을 밝혀내는 냉철한 지성을 가진 분이다. 김 전 의원은 소위 '몸과 생각' 그리고 '말과 행동'이 함께하는 분으로서 잘못된 역사 서술은 공부를 통한 근거 확보는 물론, 직접 현장에 가서 목소리를 높이고 투쟁의 일선에서 용감하게 맞서는 행동가이기도 하다.

그는 가야국 역사 바로 세우기 경남연대 공동 대표로서 왜곡된 『김해시사』와 『전라도 천년사』 바로잡기는 물론, '유네스코 가야 고분군의 잘못된 등재'를 막기 위해 일상도 뒤로하고, 역사의 현장에서 의인들과 함께 싸웠다. 그 결과 풀리지 않을 것 같았던 위의 문제들이 하나하나 바로잡히는 큰 성과도 있었다.

사실 그의 공적은 도의원 재직 당시, 가야사 정립 학술토론회를 개최하는데, 중추적인 역할을 했다는 것도 있다. 하지만 이보다 더 큰 공적은 임나(任那) 문제를 두고 경남 일대의 박물관을 직접 찾아가 잘못된 전시 설명을 바로잡은 일이다. 박물관은 국가가 인정하는 공적인 역사 관련 기관이기에, 잘못된 자료나 정보조차 일반 국민은 이를 아무런 의심 없이 받아들이게 된다는 문제가 있다. 이에 때로는 혈혈단신으로, 때로는 그가 주축으로 있는 창원의 역사 연구 단체인 '다물역사연구회'의 전 회장으로서 박정기 현 회장과 함께 왜곡된 가야사의 시정을 요구하였다. 그 결과 이제 서서히 바로잡혀지고 있다고 하니, 그동안의 숨은 노력에 대한 괄목할 성과가 아닐 수 없다.

이러한 역사 활동의 연장선에서 이번에 그가 집필한 이 책은 일제와 그 학맥을 이은 가야사 주류 사학계의 오류와 민낯을 적나라

하게 파헤치고 있다. 그리고 유네스코 가야 고분군 등재 과정에서 있었던 극적인 일들과 숨겨졌던 이야기들도 담고 있어 매우 흥미롭다. 그리하여 미망을 걷어낸 진정한 가야사를 말하고 있으며, 이를 발판으로 K-한류의 밝은 미래까지 언급하고 있다.

사실 역사운동을 하다 보면 이 일이 만만치 않은 일인 것을 깨닫게 된다. 식민사학계에 대적하는 민족사학계는 돈과 조직뿐만 아니라, 학문적으로 맞서 싸울 학자조차 절대 부족임을 알게 된다. 이럴 때 지략과 용맹을 모두 겸비한 김 전 의원님의 역할은 너무나 소중하다. 그는 우리 역사가 침탈당할 때 언제나 자기 자리를 굳건히 지키며, 자기 몫 이상의 역할을 해주시고 있는 분이다.

한편 어느 순간, 그는 우리 역사를 제대로 알고자 하여 순천향대학교 대학원에서 가야국 역사를 전공하는 만학도가 되었다. 스무 살의 청년보다 더 뜨거운 열정으로 노력해 '가야 고분군 유네스코 등재와 한류 국제화 방안 연구'라는 논문으로 석사 학위를 취득했고, 지금 박사 과정을 준비하고 있다고 하니 무척 반가울 따름이다.

김 전 의원을 만나 보면 그가 '역사에 대해 진심'인 사람이며, 자기 삶 또한 똑같이 일관하고 있기에 무척 믿음이 가는 사람이다. 그가 수년 전 경상남도 도의원 재직 시에 검은 두루마기를 입고서 한 도정 질의에서 역사 왜곡을 질타하던 그 모습이 지금도 눈앞에 생생하다. 독자들께 그런 정의감으로 똘똘 뭉친 역사학자 김영진 전 의원님의 저서를 추천해 드릴 수 있어 소납도 무척 영광으로 생각하며, 모든 분께 기쁘게 일독을 권한다.

을사년 만추지절
도명
(범어사 성보박물관 부관장)

❖ 차례 ❖

머리말   4
추천사 : 독립운동과 역사운동이 하나였던 독립운동가들처럼!   10
추천사 : 왜곡된 역사를 향한 외침   15

1장 / 역사는 왜곡·조작이 가능한가?

1. 역사는 승자가 기록을 남기고   26
2. 일제 식민사학자가 왜곡·날조한 역사   28
3. 역사 매국 사학이 조작한 허구투성이의 가야국 역사   31

2장 / 고대 가야국의 진실

1. 가야국의 지리적 강역 범위와 세력권   36
2. 김수로 대왕을 신화로 격하시킨 가야 건국의 재해석   39
3. 왜(倭)에 전파한 가야국 문화, 최고의 토기·철 제련 기술   42

3장 / 유네스코 세계유산 등재 과정, 감춰진 음모

1. 세계유산 센터에 문을 두드린 그날의 검은 그늘   48
2. 『일본서기』한 권의 책이 남긴 그림자   55
3. 『일본서기』신공 49년 조 기사의 신빙성   60
4. 신공왕후의 실체와 임나의 위치   67
5. 『삼국사기』에 '기문' 기재의 논리와 비판   76
6. 「양직공도」에 '기문, 다라' 기재의 논리와 비판   78
7. 『한원(翰苑)』「백제전」괄지지 '기문' 기재 논리와 비판   82
8. 남원을 '기문국'으로 비정한 허구 주장과 그 반론   85
9. 합천을 '다라국'이라 비정한 허구 주장과 그 반론   91

4장 / 진짜배기 가야국 역사 찾기

1. 가락국, 아라가야, 소가야, 대가야 권역의 고분·유물 이야기   104
2. 부산 복천동 고분군과 고녕가야·성산가야, 남겨진 과제   122
3. 고고학 유물로 밝혀낸 가야국 문화의 예술성과 독창성   135

5장 / 가야가 세계로 : K-한류와 만나는 문화유산

1. 국립김해박물관의 전시 기록물 왜곡 사례   140
2. 합천박물관의 전시 기록물 왜곡 사례   152
3. 가야국 고분군, 세계문화유산 관광산업의 중심   168

6장 / 우리가 가야 할 길

1. 세계유산의 가치는 진실성에 기반한 올바른 역사 전승   172
2. 뒤틀린 역사를 바로잡는 일이 밝은 미래 밝히는 길   174

7장 / 시사 역사 상식(歷史常識)

1. '금관가야'라는 표기가 아닌 '가락국'이 올바른 표기   178
2. 『김해시사』 제2권이 삭제 폐기된 이유   186
3. '다물'과 단군조선 국   189
4. 대신라국·대진국을 이은 고려국·조선국의 북쪽 경계   196
5. 문헌 사료와 유물이 입증한 한(漢) 4군의 낙랑군 위치   203
6. 낙동강(洛東江)과 망산도의 위치   207
7. 허황옥은 만들어진 신화인가?   210

8. 염치없고 부끄러움을 모르는 역사 매국 사학 220
9. 『삼국유사』「가락국기」의 5가야·1 왕 5주 225
10. 『삼국사기』 김유신 열전과 『삼국사기』 초기 기록 불신론 227
11. 칠지도·왜(倭)·기문 서술에 허튼소리와 바른 소리 230
12. 가야국을 임나로 바꾼 식민사학, 이를 반박한 유물·유적 236
13. 요하 문명과 일제 정한론(征韓論) 245
14. 대대손손 이어진 역사 매국 사학 관련 석·박사 논문 250

맺음말 251

부록 I. 가야국 고분군의 세계유산 등재 과정 연표 259
부록 II. 식민사관 청산 경남연대 활동 요약 273
부록 III. 식민사관 청산 운동 전개 277
부록 IV. 시민 역사운동의 의의 281
부록 V. 세계유산 등재 전·후 국내 대응 조치와 과제 282
부록 VI. 바른 역사 용어 294

참고문헌 299

1장

역사는 왜곡·조작이 가능한가?

1.
역사는 승자가 기록을 남기고

역사를 '있는 그대로 과거 사실'로만 여기는 사람은 흔히 "역사는 바뀔 수 없다"라고도 말한다. 하지만 역사 기록은 단순한 과거 사실만이 아닌, 그 사실을 재해석하여 재편성하고 그 시대의 서사적인 흐름에 맞춰 서술하기도 한다. 그리고 그런 기록을 남겨 왔던 이는 대개가 승자들이 쓴 역사서이다.

1145년에 찬술된 『삼국사기』는 문하시중과 집현전 태학사를 겸한 김부식이 국내적으로 문벌 귀족 간의 갈등과 서경 천도 운동을 일으킨 묘청의 난을 진압한 후에 고려국 사회 민심을 수습하고, 국외적으로는 여진족의 위협에 직면하여 왕조의 권위를 고양하려는 목적에서 편찬되었다.

그리고 『일본서기』는 서기 673년 왕위에 즉위한 천무가 기록을 남기는데, 그는 새로운 왕가의 신성성을 강조하고, 또 누구 씨족은 누구 왕의 후손이라 하는 등의 기록을 집중적으로 등장시킨다. 이는 유력 씨족과 지역의 호족들을 왕가의 가계 안으로 편입시키려는 숭조 위선 사업의 일환으로 통일 의식을 형성하고, 왕가의 위엄성을 높이며, 그들을 지배하는 것에 정당성을 확보하기 위한 차원의 편찬 의도가 또렷하게 드러난다.

따라서 역사서는 기록하는 이와 후세 사람에 의해 그것을 해석하는 사람들의 다양한 시각에 따라서 왜곡될 수가 있고, 또한 수많은 역사적 진실이 이야기되지 않은 것 속에 숨겨져 있다고도 볼 수 있다.

2.
일제 식민사학자가 왜곡·날조한 역사

　20세기 초, 일본 제국주의 역사가들은 만주와 연해주, 한반도 영역의 지배를 합법화하고 정당화하기 위해 우리들의 전체 역사를 조직적으로 왜곡하여 우리 강역사(疆域史)를 조작·날조하기 시작했다.

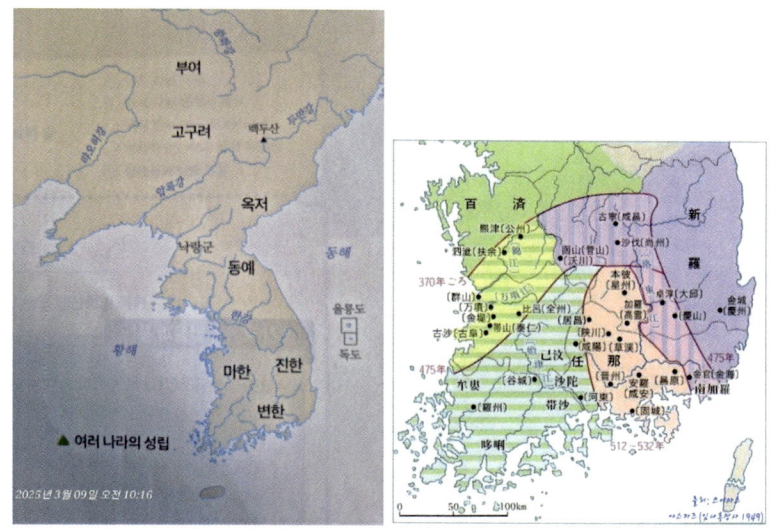

(좌) 낙랑군평양설(금성 한국사 교과서) (우) 한반도임나설(가야국=임나)

그 대표적인 예가 한반도에 한(漢) 4군을 설치했다는 '북한평양설'과 '한반도 임나설(가야국=임나)' 혹은 임나일본부설이다.

일제는 조선총독부 직속 조선사편수회를 통해 조선의 역사와 강역을 한반도 안으로 축소했다. 그들은 시간과 영토를 옭아매 고대의 일본 역사 속에 편입하고 종속화시켰다. 그리고 그들은 단군조선(고조선) 국을 한낱 서간도 일부와 황해도, 평안도 일대의 작은 소국으로 축소하였을 뿐만 아니라, 한반도 남부 지역에 있었던 가야국을 '임나 제국'이라 하여 '왜(倭) 열도의 속국'으로 둔갑시켜 버렸다.

이러한 역사 날조는 '근대 고고학'이라는 이름을 덧붙여 추진하였다. 조선총독부의 모든 행정 권력을 동원하여 '발굴'이라는 명칭

1장 역사는 왜곡·조작이 가능한가? 29

을 갖다 붙였으나, 실제로는 만주와 한반도, 연해주의 모든 강역에 걸쳐 우리 강토를 다 파헤치며 마구잡이로 '도굴'을 범한 것이다.

그리고 그 유물과 유적, 고분군들의 발굴은 일제가 정한론의 이론을 뒷받침하고 식민 통치 수단을 더 강화하려는 도구로만 이용하려 했을 뿐이다. 하지만 그들이 마구잡이로 다 파헤치는 도굴에도 불구하고 불운하게도 단군조선 국의 강역에서는 일제 정한론의 근거를 뒷받침하여 정당화할 수 있는 유물이라고 할 만한 게 단 하나도 나오지 않았다는 사실이다.

결론적으로 '결코 거짓은 참이 될 수는 없다'라는 것을 입증했다.

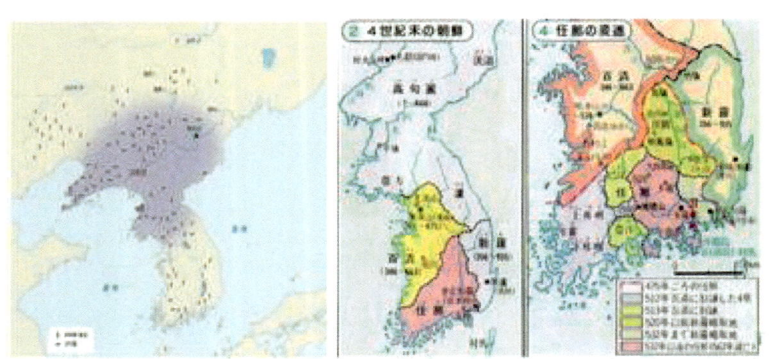

한국 국토지리정보원 '국가지도집'의 단군조선국 강역과
현재 일본이 역사 교과서에서 가르치는 임나 제국.

3.
역사 매국 사학[1]이 조작한 허구투성이의 가야국 역사

 1945년 광복 이후에도 일제 식민사관으로 점철된 교육 문제는 전혀 해결됨이 없이 쌓여만 왔다. 해방 후에 발간된 우리 한국사 교과서조차 일제 식민사관의 서술 흔적을 하나도 지우지도 못한 채, 그대로 전승되어 왔다. 지금까지도 우리 학생들이 역사 매국 사관을 기반으로 기술된 내용을 교과서로 배우고 학습 평가까지 받고 있다.

 그 대표적인 사례로써 가야국은 한반도 남부 지역에서 520년을 넘게 이어온 '철의 강국'이라 불렸으며, 탁월하고 독특한 문화와 정치체를 가진 나라였다. 그런데도 지금까지 아주 약소한 소국들이 우글대는 수준의 너무나도 미미한 존재였던 것처럼 비하한 표현들로 구사하며 폄훼하여 왔다.

 역사 매국 사학은 가야국 건국과 시기, 김수로대왕과 허황옥 황후의 혼인 이야기를 부인하고 사화(史話)조차도 신화로 격하시켰

---

1) 일반적으로 '친일 강단 식민사관' 또는 '강단 사학, 일제 식민사관'이라고도 알려져 있다. 이 책에서는 일반적인 평범한 민중이 이해하기에 너무나 헷갈리므로 그동안 활용해 본 결과 가장 빠르고 쉽게 이해하는 낱말로써 '역사 매국사관·사학'이라고도 칭한다.

다. 또 초기 가야 불교의 전승 시기와 천문일식으로 한국과 중국, 일본 세 나라 역사서 가운데 가장 신빙성이 높은 것으로 판명 난 국보『삼국사기』,『삼국유사』의 기록조차도 부정하는 서술을 해왔다. 이른바『삼국사기』초기 기록 불신론이다. 하지만 그들이 그렇게 기술한 것에 대해 1차 문헌 사료나 유물·유적 등의 근거 제시는 하나도 없었다. 또한 그들이 제시한 근거라 할지라도 그것은 이치에 맞지 않는 한낱 생떼에 불과하기만 했다.

그들이 말하는 대표적인 것으로 첫째, 조선총독부 직속 조선사편수회의 식민사학자들이 왜곡한 '한(漢) 4군'의 점령 위치를 북한의 평양 유역에 있었다고 하는 지나(CHINA) 동북공정의 핵심이 '북한평양설'이다. 둘째, 일본의 주장으로 고대에 한반도 남부 경상도와 전라도 지역에서 거의 200년간 왜(倭)가 식민 통치했다며 '임나(任那) 제국'이 존재했다고 하는 것으로 일제가 날조한 '한반도 임나설(가야국=임나)·임나일본부설'이다. 해방 후에도 80년 동안 또 그것을 추종하여 한국의 일부 연구자들이 주장하여 써 온 논문을 그 예로 들 수가 있다.[2]

---

2) 이영식,「고대 한일관계사 연구: 임나일본부와 가라 제국」, 조도전(와세다)대학 박사 논문, 1990. 저서「가야제국과 임나일본부(加耶諸國と任那日本府)」,「가야 제국사 연구」, 등. 백승충(白承忠), 1989,「1~3세기 가야 세력의 성격과 그 추이-수로 집단의 등장과 浦上八國의 亂을 중심으로-」,『釜大史學』13. 김태식,「咸安 安羅國의 成長과 變遷」,『韓國史研究』86, 1994; 단행본『加耶聯盟史』, 一潮閣, 1993. 김현구, 단행본「任那日本府研究」, 一潮閣, 1993; 김현구 외,「일본서기 한국관계기사 연구」1·2·3, 일지사, 2004. 남재우,「安邪國의 성장과 대외관계 연구」, 성균관대학교 사학과 박사학위 논문, 1998; 단행본『安羅國史』, 혜안, 2003. 백승옥(白承玉), 2001,「加耶 各國의 成長과 發展에 관한 研究」, 부산대학교 사학과 박사학위 논문; 단행본「加耶 各國史 研究」, 혜안, 2003.

그동안의 왜곡·날조된 모든 언급과 서술을 보면, 거의 가학적이리만큼 우리 스스로가 우리 민족의 자긍심을 한없이 업신여기도록 조작해 놓았다. 그런 엉터리로 서술된 된 거짓 역사를 배우면서 우리의 정체성도 훼손하다시피 해온 게 지금까지 역사 교육 현장에서 벌어진 현실태고 모든 SNS와 인터넷 서술도 도배가 되어 있다.

더 불행스러운 것은 '엎친 데 덮친 격'으로 아직도 학교 현장에서 우리 학생들은 '우리들이 배운 것처럼 그 왜곡된 역사를 배우고 익히는 중이다'라는 사실이다. 참 서글픈 역사 교육의 현실태에 더욱 마음이 쓰리고 아플 뿐이다. 한참이 늦었지만 당장 지금이라도 오용된 역사 내용을 개선해야만 할 때이다.

2장

고대 가야국의 진실

1.
가야국의 지리적 강역 범위와 세력권

낙동강을 중심으로 한 1 왕 5주 정치체 가야국

가야국은 1 왕 5주 정치체를 갖춘 고대 5국 가운데 당당한 한 국가였다. 가야국은 가락국(김해), 아라가야(함안), 소가야(고성), 성산가야(성주), 고녕가야(상주 함창), 대가야(고령) 등으로 구성되고, 그 중심에는 가락국과 대가야국이 있었다.

고대 문헌과 고고학적 발굴에 따르면 주로 경남과 경북 지역을 중심으로 전라도 동부 지역까지 전개되었으며, 그 범위는 현재 경남 지역으로는 김해·함안·합천·고성·하동·창녕·진주·산청·함양·거창과 경북 지역의 고령·성주·상주·문경 그리고 전남·전북 지역의 장수·임실·남원·구례·순창 등에 분포했다.

[현재 가야국 관련한 문헌의 여러 분류 자료 표]

명 칭	시 조	지 역	주요 유적	후손들 본관
가락국	김수로대왕	경남 김해	대성동 고분군	김해 김씨, 김해 허씨, 인천 이씨
대가야국	이진아시왕	경북 고령	지산동 고분군	고령 신씨
소가야	김말로왕	경남 고성	송학동 고분군	고성 김씨
아라가야	김아로왕	경남 함안	말이산 고분군	광주 이씨
고녕가야	김고로왕	경북 상주 함창	오봉산과 병풍산 일대	함창 김씨
성산가야 (벽진가야)	김벽로왕	경북 성주	성산동 고분군	-

전반기에 가락국(김해)은 김수로 대왕이 직접 다스린 중심국으로 최고의 토기와 철을 바탕으로 하는 철 제련 생산과 대외 교역이 가장 활발하였다. 후반기에는 대가야국(고령) 권역이 중심 국가로 발전하여 강력한 통치력과 정치력, 경제력을 바탕으로 백제국, 신라국과 외교적인 삼각관계를 형성해 왔다.

그리고 각 지역에서 발굴된 유물·유적으로 판단컨대 소가야(고성), 아라가야(함안)는 전·후에 걸쳐서 일정 정도 각각의 독립적인 토기 제작 문화와 정체성을 가지고 유지 활동도 한 것으로 보인다.

1차 문헌 사료를 근거로 한 고려시대 보각국사(普覺國師) 일연 스님이 쓴 『삼국유사』 「가락국기」에는 가야국의 초기와 그 강역을 나타내는 기록을 이렇게 서술하고 있다.

"후한 세조 광무제 건무 18년 임인 3월 계욕일(禊浴日), 자줏빛 줄이 하늘에서 드리워져서 땅에 닿아 그 줄이 내려온 곳을 따라가 붉은 보자기에 싸인 금합(金合)을 발견하고 열어 보니, 해처럼 둥근 황금알 여섯 개가 있었다. 그 후 그달 보름에 수로는 왕위에 올랐고, 세상에 처음 나왔기에 이름을 수로 혹은 '수릉'이라고도 한다. 나라 이름을 대가락 혹은 '가야국'이라고도 하니, 곧 여섯 가운데 하나였고, 나머지 (알에서 태어난) 다섯 사람도 각각 돌아가 다섯 가야의 주(主)가 되었다."

『삼국유사』 기이 편 5가야 조에는 태조 천복 5년경 자에 5 가야의 이름을 고친다고 하였다.

> 아라가야(阿羅伽耶)라 하고 지금의 함안(咸安), 고녕가야(古寧伽耶)라 하고 지금의 함녕(咸寧), 대가야(大伽耶)라 하고 지금의 고령(高靈), 성산가야(星山伽耶)라 하고 지금의 경산(京山)이니 [혹은] 벽진(碧珍)이라고도, 소가야(小伽耶)라 하고 지금의 고성(固城)이다.
> 또 본조(本朝)의 ≪사략(史略)≫에 이르기를 "태조 천복(天福) 5년 경자(庚子)에 5 가야의 이름을 고치니, 1은 금관 김해부(金海府)요, 2는 고령 가리현(加利縣)이요, 3은 비화(非火) 지금의 창녕이란 것은 아마도 고령의 잘못이요, 나머지 둘은 아라와 성산 앞과 마찬가지로 성산은 벽진가야라고도 한다."라고 하였다.

2.
김수로대왕을 신화로 격하시킨
가야 건국의 재해석

『삼국유사』「가락국기」에는 김수로 대왕이 하늘에서 황금알 6개와 함께 내려왔다는 신화로 기록되어 있다. 이러한 서술을 단순히 상징으로 치부하기보다는 외부로부터의 새로운 문물 유입과 기존에 존재하고 있었던 9간이 통치한 사회가 외부 세력과의 연결성을 암시하는 '실마리'였음을 짐작 해석할 수 있다.

김수로 대왕 부인인 허황옥 황후는 인도 아유타국에서 왔다고 전해지며, 그 당시에 이미 가야국은 해양을 이용, 남방으로 통하는 해상 교류망이 연결된 국제적인 문명권이었다는 증거로써 새롭게 해석되어 진다. 또한 허황후 오빠인 장유 화상과 동행으로 가야국 초기에 왕실 중심의 소승불교가 이미 전래됐다는 가능성을 시사하는 것으로도 볼 수도 있다. 실제로 김해와 창원 지역 일대의 여러 사찰에서는 지금까지도 구전되어 온 장유 화상과의 연기 사찰 설화와 그 유물·유적 등이 전해져 잔존해 오고 있다.

김수로 대왕 출현이 하늘에서 내려오는 천강(天降) 형식으로 묘사된 것은 그 출신에 있어서 신성한 정통성을 강조하는 것이 아닌가 한다. 또 한편으로는 숭고하고 강한 외부 세력이라는 혈통과 기술력·통치력의 도입을 정당화하려는 고대의 정치적 장치를 표현했을 가능성이 아주 농후하다고 여겨진다. 그리고 김해 대성동 고분군에서 출토된 아주 많은 유리구슬과 토기류는 인도 남부 지역의 상용 유물과도 유사성이 매우 깊다.

김해 대청동 장유사에 있는 장유 화상 영정과 사리탑.

특히 허황후가 바다를 항해하는 가운데 거친 파도를 잠재우기 위해 배에 싣고 왔다는 파사석탑이 있고, 수로대왕릉을 예부터 '납릉(納陵)'이라는 별칭으로도 불렀는데, 정문에 새겨진 쌍어 문양의 양식 등은 인도와의 친연성을 고스란히 드러내는 대표적인 유물과 그 흔적이라 할 수 있다.

김해 대성동 76호분 출토 목걸이(출처: 김해시)와 콘카니의 목걸이.[3]

수로대왕비릉 앞에 있는 파사석탑[4]과 수로대왕릉 정문에 있는 쌍어문 문양.

인도 아요디야(Ayodhya)의 여러 지역에서 발견되는 쌍어 문양.

---

[3] 남인도 콘카니 민족의 기혼녀는 세 가닥으로 된 목걸이를 장식한다고 한다.
[4] 2019년 김해시와 국립중앙박물관, 고려대학교가 공동으로 파사석탑 재질인 '파사석'의 성분을 분석하였고, 이것은 '한반도에 나지 않는 돌'이라는 결과가 나왔다. 그것은 인도 남부 지역에서 볼 수 있는 '돌'이라 한다.

3.
왜(倭)에 전파한 가야국 문화, 최고의 토기·철 제련 기술

 가야국은 철 제품 생산에서 압도적인 경쟁력을 가진 문명국으로, 이는 고대 동북아시아에서 군사력과 경제력을 대표하는 핵심 요소였다. 함안, 고령, 김해 등지에 있는 고분군에서는 대규모 철제 무기, 농기구, 말갖춤 유물 등이 발굴되었고, 특히 판갑(철제 갑옷), 투구, 고리 자루 칼 등 출토는 그 당시에 왜(倭) 열도 전역으로 진출했던 가야인들이 지닌 뛰어난 토기와 제철·제련 기술을 반영한 유물들이다.

부산 동래 복천박물관에 전시된 철기 유물과
경남 합천박물관에 전시된 옥전 M3호 분에서 발굴된 고리자루 큰 칼. (출처: 국가유산청)

고대 일본 왕족과 귀족들의 기원이 되는 성씨 219개 유래를 기록한 『신찬성씨록』에는 고구려국 가문이 42개, 신라국 가문이 9개, 가야국 가문이 10개, 백제국 가문은 158개의 성씨로, 특히 대부분은 백제국 왕족과 귀족들의 성씨다. 그리고 그 당시에 최고의 토기나 제철·제련 기술자들이 왜(倭) 열도로 건너가 정착하여 일본의 왕족과 귀족들 성씨와 함께 시조가 된 것을 말해 준다.

다시 말하면, 그것은 모두 고구려국·백제국·신라국·가야국 계통의 성씨를 지닌 도래인들을 기록한 셈이다. 특히 가야국 계는 철기 제련 문화를 기반으로 하여 기술자, 대장장이, 무사 등 다양한 분야에서 가야계 인물들이 백제국과 함께 왜(倭) 열도의 문화 기반 형성과 성장 발전에 지대한 영향을 끼쳤던 것을 보여준다.

또 조희승이 지은 〈북한학계의 가야사 연구〉에서는 현재 일본 규슈 지역에는 가야국 계통으로 남아 있는 지명이 35개나 나와 있다. 또 대마도와 이키섬에도 수없이 많은 가야국 계 지명이 있고, 일본의 혼슈(本州) 서부 오카야마현 기비(吉備) 지역과 규슈(九州)·시코쿠(四國)에 에워싸인 세토내해 안에는 30여 개의 가야국 계통 지명이 존재하고 있다 한다.

또 긴키(오사카부, 교토부, 효고현, 와카야마현, 나라 현, 시가현, 미에현) 지역에도 28개의 가야국 계통 지명이 있다. 그리고 우리나라 동해안과 근접한 시마네현과 효고현, 이시카와현, 기후현 등에 존재하는 20여 개 이상의 가야국 계통 지명들은 이를 증명하고 있다.

『신찬성씨록』 편찬 당시(815년)에 가야인의 후손을 자처한 성씨로 다다라노기미는 미마나(임나) 국왕 니리구모 왕의 후손인데 『신찬성씨록』 권25 야마시로 제 번'에 있다 하였고, 미마노노기미는 임나 왕인 모류지 왕의 후손으로 『신찬성씨록』 권30 미정잡성우교'에 있다고 한다. 그리고 <북한학계의 가야사 연구>에는 일본 열도 각지에 분포된 42개 성씨의 '가야국 계통 성씨 일람표'도 나와 있다.

하지만 우리나라에서는 일본 열도에서 건너온 성씨와 지명이라고는 단 하나도 없는 반면에, 일본 열도에는 가야국 계통 성씨와 지명이 그렇게도 많이 있는 까닭은 과연 무엇일까.

(좌) 고령 지산동 고분군 발굴 철모와 단갑. (우) 미야자키 현 사이토바루 고분군 출토 철모와 단갑 : 고령 지산동 고분군 출토 철기가 150여 년 더 오래되었다.

(좌) 김해 대성동 13호분 출토 파형 동기. (우) 나라 현 텐리 시 토우다이지야마 고분 파형 동기 : 대성동에서 발굴된 파형 동기가 100여 년 더 앞선 것으로 판명 났다.

(좌) 김해 대성동 고분에서 출토된 배 모양 토기.
(우) 미야자키 현 사이토바루 고분에서 출토된 배 모양 토기.

왼쪽 : (좌) 김해 대성동 고분 출토 청동 거울. (우) 미야자키 현 사이토바루 청동거울.
오른쪽 : (좌) 합천 옥전 고분군 출토 고리자루 큰칼. (우) 모즈·후루이치 고분 출토 고리자루 큰칼

2장 고대 가야국의 진실   45

[일본 열도 안에 고대 유적지에 분포한 가야국 유물과 비교]

일본 유적지	출토 유물	가야국 유물	해석
이나리야마 고분	철검, 고리자루큰칼	고령·김해에서 출토된 유물과 동일한 형태	가야국 계통 기술자들이 건너가 기술을 전파한 것.
후쿠오카 지역	토기, 청동기	대가야국의 양식과 거의 일치	가야국 계통 기술자들이 건너가 기술을 전파한 것.

3장

유네스코 세계유산 등재 과정, 감춰진 음모

1.
세계유산 센터에 문을 두드린
그날의 검은 그늘

    2021년 1월 27일, 유네스코 세계유산 등재 시도는 역사 매국 사학의 지난 30여 년간의 허위사실 유포와 국제적인 정당성을 확보하는 마지막 완성 단계였을 것이다.

    또한 지난 30여 년간 국사편찬위원회의 한국사 데이터베이스, 한국학중앙연구원, 동북아역사재단, 한국민족문화대백과사전, 위키피디아, 나무위키 또 **경남지역 모든 박물관의 전시 기록물**, 특히 가야국 관련 개인 저작물 등 역사 매국 사학계의 어쭙잖은 주장을 그대로 베껴 막 퍼 날라 왔던 것도 들통이 났다.

    그동안 개인적인 주장과 허접한 '논문이나 책'조차도 서로 참고 자료로 인용해 가며 치켜세워 주고, 지역 사회에서는 여태껏 '시민대학 강좌 혹은 인문학 강좌'라는 형태로 구석구석을 누비며 퍼뜨려 왔다. 역사 매국 사학의 형태에는 먹이로 개 길들이는 것처럼 젊고 유능한 사학도에게는 학위와 '교수'라는 직(職)으로 해방 후 '지금껏 이렇게 했구나' 하며 참 서글픈 생각까지도 들었다.

    그러면서 그들이 일상적으로 주장해 왔던 '전문가 영역, 학계의 정설·통설'이라니, 이게 도대체 말이나 될 소리인가. 이런 말도 안

되는 소리를 역사 매국 사학에서는 지금껏 행동으로 해왔다.

그들은 맨 처음에 허위 사실로 쓴 개인 주장의 논문이나 책을 서로 '예문과 참고문헌'으로 인용하며 촘촘하게 반복적이고 지속적인 확대 과정을 거쳐 일반화시킨 게 어느덧 맨 처음 허위 사실은 대중적인 지지와 정당성까지 확보하게 된다. 그들이 말하는 '전문가 영역', '학계의 정설' 혹은 '학계의 통설'이란 말로 치켜세우지만, 학문의 영역에서 정말로 가당치도 않게 '학계의 정설 혹은 통설'이라니, 이게 말이나 될 소리인가 말이다.

또 그들의 주장을 논증하여 반박한 논문에 대해서는 쳐다보지도 않고 그 반박문을 '인용'이라도 하면, 한데 뭉쳐 '사이비' 혹은 '유사'라는 틀을 씌워 그를 매도하고 매장해 온 게 지금 곪아 터지도록 곪은 역사학계의 현실이다.

또한 현존하는 역사적인 유물·유적지들 중에 춘천 중도의 단군조선 국 유물·유적지가 있다. 그것을 영국의 레고랜드 사업체에 합법을 가장한 불법적인 허가로 마구 훼손시켜 없애고[5], 김해시 구산동 고인돌 유적지는 김해시청 지자체 공무원의 주도로 굴삭기 3대를 투입하여 밑바닥에 깔린 '박 석'을 걷어내며 파괴하기까지 하였다.[6]

역사 매국 사학은 **'가야'**라 글을 쓰고, 속으로 **'임나'**라고 되새긴다.

---

5) https://youtu.be/H4HxRJPL_b0?si=tCnR9bKuMJs6-rqe
6) https://m.yna.co.kr/view/AKR20230130034600005

모든 인터넷 정보에는 '한반도 삼한설, 한반도 임나설(가야국=임나)·임나일본부설, 낙랑군의 북한 평양설'로 서술해 놓았다. 또한 세계유산으로 등재 신청을 한 가야국의 7개 박물관 전시 기록물, 국립김해박물관(2024. 1. 22. 이후 지금은 임나일본부설을 완전히 삭제함) 날조 기록물을 비롯한 모든 허위 사실을 보라!

드디어 2023년 9월 17일 사우디 리야드에서 열린 제45차 세계유산위원회에서 합천 '다라국', 남원 '기문국'이라는 정치체 국명(國名)을 삭제하고 유네스코 세계유산으로 등재를 확정 짓게 되면서 그들이 여태껏 해온 일 형태가 만천하에 드러나게 되었다.

'가야고분군(Gaya Tumuli)'은 그냥 단순하게 무덤 이름을 일컫는 게 아니라 1500년 동안이나 침묵해 온 가야국의 역사, 그리고 그 무덤들 속에 숨겨진 진실이 다시 세상 앞으로 펼쳐지게 된 순간이었다. 하지만 그 이름이 확정되고 불리기까지의 길은 그렇게 순탄하지만은 않았다.

가야국의 강역 터 위에는 '다라국'과 '기문국'이라는 낯선 이름으로 덧씌워져 있기에 너무나도 놀라 경풍을 할 지경이었다. 그 명칭은 국보 문헌 사료인 『삼국사기』나 『삼국유사』에는 전혀 등장하지 않는다.

그것은 오직 일본의 고대서인 『일본서기』에만 기록된 낱말로 "왜(倭)가 한반도 남부를 지배했다"라고 하는 식민사관, 한반도 임나설(가야국=임나)의 잔흔이었다. 가야인의 후손들이 그 사실을 알게 되었을 때는 대한의 온 시민 사회단체와 학계까지 분노로 들끓기 시작했다.

> "가야국 강역은 임나이고, 임나가 왜(倭)의 식민지였다고?"

이 한 문장은 수천 년을 이어 온 우리 민족적 자존을 흔드는 비수가 되어 뇌리마다 쏜살같이 꽂혔다. 2019년 12월 국립중앙박물관의 기획 전시물인 '가야 본성'에서부터 그 잔존 여운은 현재도 진행되고 있는 기나긴 토론과 논쟁의 연속이었다.

마침내 오랜 논쟁이 한창일 때인 2023년 9월 17일, 유네스코 세계유산위원회는 "가야 고분군은 가야의 독특한 정치 체제를 종합적으로 구현하며, 구성 요소들의 경계 내에 지리적 분포, 입지 특성, 매장 유형과 부장품 등 탁월하고 보편적 가치를 전달하는 데 필요로 하는 모든 속성을 포괄하고 있다"라고 했다.

이는 "유네스코 협약 Article 1의 유적(sites) 카테고리에 해당하며, 인간 활동(매장 의례, 정치 구조)이 형성한 역사적·문화적 증거이다"라며 발표한 것이다.

그리고 대한민국의 문화재청이 유네스코 세계유산 센터에 제출한 등재 신청서에서는 합천을 '다라국', 남원을 '기문국'이라고 하는 정치체 명칭을 삭제하고 합천을 '쌍책 지역 가야 정치체', 남원을 '운봉 지역 가야 정치체'로 표기하는 새 명칭을 등재하도록 확정한 것이다.

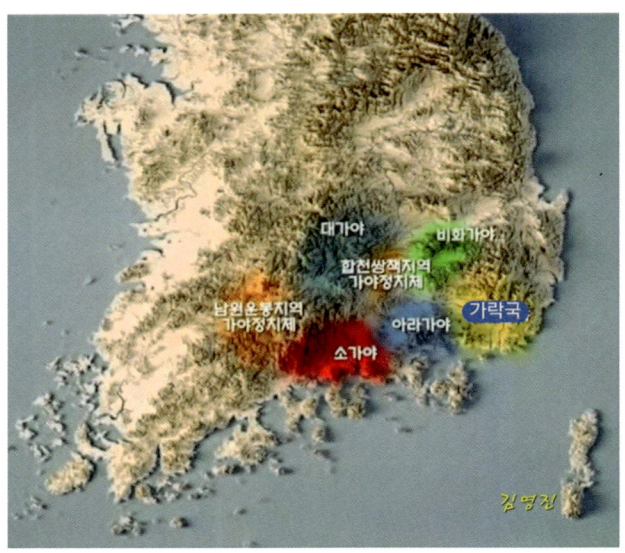

합천 '다라국', 남원 '기문국'이 삭제된 지도

 이것은 단순한 행정 절차상 명칭의 표기만 의미하는 게 아니라, 문화재청과 역사 매국 사학계에서 그동안 숨겨 온 역사적 자존심을 되찾은 어마어마한 선언과도 같았다. 비로소 그날에야, 가야국의 참역사가 다시 우리들의 품 안에 살포시 안기게 되었다.

 일제가 대한제국을 강점하기 전까지의 가야국 역사에 관한 1차 문헌 사료는 『삼국유사』와 『삼국사기』였다.

 『삼국유사』「가락국기」는 가야국의 건국사화와 함께 가락국, 5가야 연혁에 대해서 설명하고 있으며,[7] 『삼국유사』 기이 편 5가야 조

---

7) 『삼국유사』「권 2 기이 「가락국기」 기록에서는 가야국 건국사화와 가야국의 영역, 시조 김수로대왕과 허황옥 황후의 국혼 기사를 싣고 있다.

는 가락국(금관국)을 제외한 5가야의 명칭과 그 영역을 설명하고 있다. 『삼국사기』는 '신라국·고구려국·백제국'을 중심으로 서술했기에 가야국의 역사를 별도 항목으로 다루지는 않았지만, 「김유신 열전」[8]이나 「신라본기」를 통해서 가야국의 건국 시기와 신라국과 패권을 다툰 전쟁 내용까지 확실하게 기록하고 있다.[9]

또 국보『삼국사기』와 『삼국유사』는 가야국이 서기 42년에 건국했다는 사실을 공통으로 기록하고 있으며, 가야국의 강역이 지금의 경상남도 대부분과 경상북도 일부에 걸쳐 있던 사실을 기록하고 있다. 가장 최근에 발굴된 유물·유적을 확인한 결과로는 전남·북 동부 지역에까지 그 강역이 뻗쳤고 지배해 왔던 것으로 판명되기도 했다.

일본 제국주의가 대한제국을 강탈한 이후 일본인 식민사학자들은 가야국의 건국 시기를 대폭 늦추어 3세기 말경이라고 주장하였다. 또 『일본서기』 신공(神功) 49년 조를 자의적으로 해석해서 서기 369년부터 562년까지 왜(倭)가 경상남·북도는 물론 충청도, 전라도까지를 지배한 것으로 주장하기도 했다.[10]

그들이 설치했다는 임나일본부가 고대판 조선총독부와 성격이

---

[8] 『삼국사기』「김유신 열전」은 『삼국유사』의 기록처럼 가야국이 서기 42년에 건국되었다고 말해 주고 있다.
[9] 신라와 가야가 다툰 첫 기사는 『삼국사기』「탈해 이사금 21년(서기 77)」조로 신라의 아찬 길문이 가야 병사 1천 명의 목을 베어 파진찬으로 승진했다는 내용이다.
[10] 鮎貝房之進, 『日本書紀 朝鮮地名攷』, 昭和 12年(1937), 이 논고에서 인용하는 것은 昭和 46年(1971, 國書刊行會)의 재판본이다.

같은 통치기관이었다는 이런 주장은 일제가 패전 후에 수그러들었다가 스에마쓰 야스카즈(末松保和)가 1949년의 『임나흥망사(任那興亡史)』에서 다시 그것을 주장하면서 현재까지도 일제 식민사학자를 신봉하는 추종자들에 의해서 전승되고 있다.[11]

그리고 가장 큰 문제는 해방 이후에도 한국의 역사 매국 사학이 일제 식민사학을 극복하지 못하였거나 거꾸로 일제 식민사학을 추종하면서 일본인들이 왜곡시켰던 가야국의 역사 논리가 여전히 존속되고, 말을 비틀고, 변형시켜 더 강화해 왔다는 것이다.

이들을 일반적으로 '강단 사학계'[12]라고 지칭하고 있는데, 그 문제점이 여실히 드러난 사건이 '가야 고분군의 유네스코 세계유산 등재 시도 사건'이었다.

유네스코 세계유산으로 가야국 고분군을 등재 신청하면서 『삼국유사』「가락국기」는 물론 가야국과의 대외관계를 주로 기록한 『삼국사기』「신라본기」에서는 전혀 그 근거를 찾아볼 수가 없었다. 오직 『일본서기』에만 나오는 '기문, 다라'라는 정치체 국명으로 등재 신청을 하면서 이를 비판하는 민족사학계와 시민 역사운동 단체들의 날카로운 비판이 크게 맞부딪혀 일어났다.

---

11) 末松保和, 『任那興亡史』, 吉川弘文館, 1949년.
12) '강단 사학'이란 조선총독부 조선사편수회 출신의 이병도·신석호를 필두로 그 제자들이 한국 내 대부분 대학의 역사학과를 장악하고 있는 현실에서 나온 용어이다. 이들의 역사관을 비판하는 역사학자들을 대학 강단에 있지 않다는 의미로 '재야사학'이라고 불렀는데, 현재는 이들을 비판하는 학자들 가운데 대학 강단에 서는 경우가 늘어나고 있기에 정확하게 현실을 반영한 용어는 아니라는 지적이 나오고 있다. '역사 매국 사학'이라고도 하고 추종자를 '역사 매국노'라고도 한다.

2.
『일본서기』 한 권의 책이 남긴 그림자

　백제국에서는 근초고 대왕 때 박사 고흥이 그들의 역사서인 『서기』를 편찬했었다. 『일본서기』는 660년에 백제국이 패망하고 난 후 663년 8월 백제국 재건을 위한 마지막 풍 왕, 부여 풍장과 5천여 명의 군사, 또 왜(倭)의 중대형 왕자가 이끄는 왜(倭)선 400척과 2만 7천여 명의 최대 병력과 전투력이 투입된 전쟁에서조차도 완전히 패전하여 전멸하게 된다.

　그들 가운데 왜(倭) 열도로 패퇴해서 건너간 천지와 천무 등 백제국의 왕족과 귀족들, 그리고 백제 유민들이 이전까지는 백제국의 제후왕 지역 섬에 속했던 섬, 왜(倭) 열도로 건너가 근강(쿄토) 유역에 정착하였다. 그들이 정치적인 격변을 헤치며 차츰 안정을 찾아갈 즈음, 서기 672년에 천지 왕이 죽고서 그의 아들 대우 왕자를 제거하기 위해 천무가 거병하자 조카 대우 왕자는 자살하게 된다.

　다음 해 673년에 천무는 왕으로 즉위하고, 674년 그의 아들 사인친 왕자를 시켜 BC 660년 신대(神代)부터 서기 697년 지통 왕 사망 때까지 약 1000여 년간의 시간을 늘려서 일본 역사를 서술하게 한다. 서술하는 데 있어 대원칙처럼 패망한 백제국의 역사는 지우고 새로 세우는 일본의 역사와 '만세일계'로써 전통적인 일본 왕실의 가공된 역사를 취사선택해서 기존 백제국의 역사서인 『서기』를 모방하여 720년에 일본의 정사(正史)를 완성하여 편찬하게 된다.

이 역사서에서 비로소 처음으로 기존 국호인 왜(倭)국에서 명칭을 바꿔 '해가 뜨는 곳'을 일컫는 백제어의 미칭인 '일본'이라는 국명을 사용하였다. 그리고 그동안 백제국의 제후왕이었던 왜(倭)왕을 승격시켜 위대한 '천황'이라는 호칭까지 처음으로 바꿔 기술한 것이다.

이는 일본 왕가의 신성성을 정당화하기 위해 만들어진 모순적이면서도 정치적인 기록의 변경이었다. 물론 그 속에는 '왜(倭)가 임나(任那)를 지배했다'라는 내용이 지속적이고 반복적으로 등장하고 있고, 왜(倭) 열도 안에서 일어난 일을 한반도 남부 경상도와 전라도 지역에 있었다고 하는 허구가 바로 한반도 임나설(가야국=임나)·임나일본부설이다.

이러한 사실을 토대로 하여 우리가 역사적인 사건을 말하고 일본이라는 국호를 쓸 때는 서기 701년 율령 이후 국호를 지칭할 때는 '일본'이라고 하고, 그 이전을 말할 때는 '왜(倭)'라고 표현하는 게 맞다.

그러면 '다라'라는 명칭은 어디에서 온 명칭일까? 그 뿌리는 일본의 고대 역사서 『일본서기』 신공(神功) 49년 조에 있다.

> 신공이 이끄는 병사들이 "탁순에 집결하여 신라를 정벌하고, 비자발·남가라·탁순·록국·안라·다라·가라 등 7국을 평정하였다." -임나 7국-

이 문장이 임나 7국과 관련된 기사이다. 한낱 낭설에 불과한 이 문구를 보면, 신공이 신라를 깨부쉈다 하고서는 정작 멸망한 것은 신라가 아니고, 있지도 않았던 가야국 강역에 있는 7국이라며 아무런 근거도 없이 '임나'라고 바꾸고 조작해 놓았다.

일제 식민사학자들은 '서기 369년에 신라를 정벌하고 한반도 남부 지역의 임나 7국을 평정했다며 소설을 썼고, 가야국에다 임나일본부를 설치하고 562년까지 통치했다며 그 시공간을 설정하고 억지로 단정 지어 강요해 왔다.

그 일곱 명칭 가운데 다라, 안라, 가라 국명이 있고, '다라는 합천, 안라는 함안, 가라는 고령'이라는 것이다. 그러하기에 고대에 한때 가야국이 임나였으므로 1592년 임진왜란과 1597년 정유재란 때 일본이 조선을 침략한 것이나, 1910년 일본이 대한제국을 강탈한 것은 하나도 문제가 될 게 없고 정당한 것이라 주장하는데, 이게 바로 일제 정한론의 핵심이다.

그들이 일방적으로 강변해 온 정한론의 논리는 자신들의 반인류적인 조선 국권 침탈과 강탈, 약탈을 합법화하고 정당화하기 위한 도구로 악용하고 미화시켰을 뿐이다.

"조선 민족 너희는 보아라. 우리는 이미 고대부터 너희 민족을 지배했었다. 그러니 너희가 이렇게 우리에게 지배받는 것은 고대사의 복원이므로 정당하다."라는 논리를 내세웠지만, 이런 억지 주장이 세상 어디에 있는가.

대일항전기 조선총독부 직속 조선사편수회의 일제 식민사학자들은 『일본서기』의 내용을 근거로 한반도의 남부 지역을 '일본 영토'로 설정한 결과, 임나 7국, 임나 10국, 임나 4현의 위치를 한반도 안에다 비정하였다. 또 가야국이 '임나'라며 일제의 속국이었던 것처럼 묘사하고 기록했다. 이는 단순한 역사 해석이 아니라, 조선을 영구히 지배하기 위한 정치적인 역사 날조였을 뿐만이 아니라, 더 큰 문제는 그것을 해방 후에도 그대로 80여 년 동안 우리 역사 매국 사학계에서 추종하여 신봉해 왔다는 것이다.

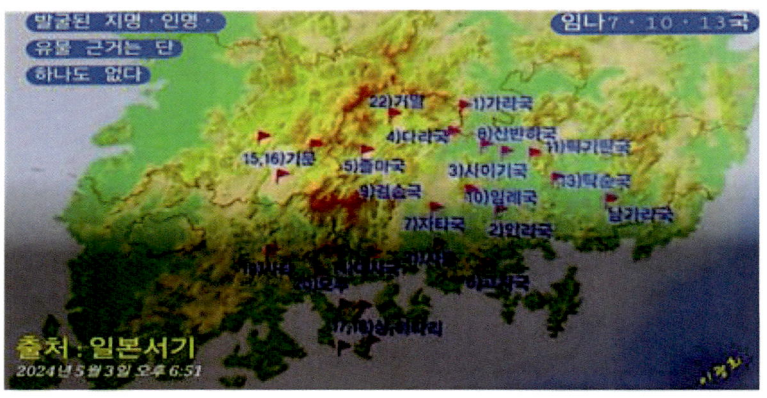

김해시청에 걸렸던 『일본서기』의 임나 7·10국 위치를 한반도에 비정한 지도.

그들이 만든 '한반도 임나설(가야국=임나)'이 그렇게 해서 날조가 되어 왔고, 그 독이 해방 80년이 지난 오늘까지도 대한민국의 학문과 행정제도 속에 뿌리 깊게 잔존해 오고 있다. 일제 잔재 청산이 아주 시급한 실정에 놓여 있다.

2021년 1월, 국가유산청이 유네스코 세계유산 센터에 등재 신청서를 제출하면서 그 오래된 독이 다시 고개를 들고 기어 나왔다.

역사 매국 사학은 여전히 『일본서기』의 기록을 근거로 삼았고, 그 결과 세계유산 등재 신청서에는 일본 극우와 한국 역사 매국 사학이 주장한 합천을 '다라국', 남원을 '기문국'이라는 정치체 국명이 버젓이 들어가 있다.

그런 모든 사실이 알려지게 되자 전국에서 시민사회 단체와 민족사학자들은 즉시 들고 일어났고, 경남도의회에서는 도정 질문이 이어졌으며, 전국 곳곳에서는 '역사 바로 세우기' 학술토론회와 집회, 길거리 시위까지 계속 이어졌다. 그날 이후부터 그들의 외침은 단순한 항의 수준이 아니었다.

"가야국은 결코 왜(倭)의 식민지가 될 수 없다."

이 말은 곧, "우리의 바른 가야국 역사를 되찾겠다"라고 시민들이 공개 선언한 표제어가 되었고, 1차 문헌 사료와 유물·유적지를 찾아 연구 분류하고 드디어 2025년 그러한 주장을 뒷받침하는 연구 논문까지 발표가 되었다[13].

---

13) 김영진, 「가야 고분군 세계유산 등재와 한류 국제화 방안 연구 -합천 다라국·남원 기문국 國名 중심으로-」, 순천향대학원 글로벌한류문화학과 석사학위 논문, 2025.

3.
『일본서기』 신공 49년 조 기사의 신빙성

    2021년 1월 27일, 국가유산청은 가야국의 7개 고분군을 유네스코 세계유산으로 등재 신청서를 제출했다. 그것들 가운데 가장 문제가 된 것은 가야국 고분군의 각 정치체 국명 중에 옥전 고분군이 있는 합천 지역의 정치체 명칭을 '다라국', 유곡리와 두락리 고분군이 있는 남원 지역의 정치체 명칭을 '기문국'이라고 표기한 것이다. 국가유산청은 세계유산 센터에 '다라국과 기문국'이라는 정치체 국명으로 세계유산 등재 신청을 한 이유를 이렇게 밝혔다.

> "다라국은「양직공도」에 나오는 국명이고, 기문국은「양직공도」와『일본서기』,『삼국사기』에도 나오는 국명으로「양직공도」는 서기 530년대에 편찬되었기에 가장 오래된 기록을 근거로 삼는 학계에서는 선호하고 있다."[14]

---

14) 2021년 이후 시민 역사운동 단체가 다라국, 기문국 국명을 서술한 문제를 제기한 지적에 대한 문화재청(현 국가유산청)이 내세우며 답변한 내용이다.

이에 국가유산청은 덧붙여서 "다라국과 기문국 등은 가야국 국명(國名)으로 중국「양직공도」에 기록된 국명이며, 200여 년 뒤에 간행된『일본서기』는 8세기 때의 기록이고『일본서기』에 기록된 국명을 사용한다는 것 자체만으로 일제 식민지 지배 논리인 임나일본부설(가야국=임나)을 인정하거나 지지하는 것은 아니다."라고 말했다.

이러한 답변은『일본서기』에만 나오는 '다라와 기문'이라는 정치체 명칭을 등재하는 것에 대하여 방어적인 논리 기술로써 말했다고 여겨진다. 이는 국가유산청 스스로 '다라, 기문'이라는 명칭이 문제가 될 것이라는 사실을 인지하고 있었음을 시사한다고 볼 수 있다.

'다라 와 기문'이라는 명칭은 일제 메이지 시절에 일본 극우파 국학자들과 군부에서 정한론(征韓論)의 근거로 삼은 것으로, 그 핵심 내용은『일본서기』신공(神功) 49년 조를 그 근거로 삼는다.

신공 49년은 서기 249년인데 2주갑 120년을 선별적으로 맘대로 더해 서기 369년 사건이라며 자의적으로 해석했다.

> (신공 49년) 봄 3월에 황전별(荒田別)과 녹아별(鹿我別)을 장군으로 삼아 구저(久氐) 등과 함께 군대를 거느리고 탁순국(卓淳國)에 이르러 장차 신라를 습격하려고 하였다. 이때 어떤 사람이 말하기를 "군대가 적어서 신라를 깨뜨릴 수 없으니, 다시 사백개로(沙白蓋盧)를 보내어 군사를 늘려 주도록 요청하십시오."라고 하였다. 곧바로 목라근자(木羅斤資)와 사사노궤

(沙沙奴跪)에게 정병(精兵)을 이끌고 사백개로와 함께 가도록 명하였다. 함께 탁순에 모여 신라를 격파하고, 비자발(比自烋)·남가라(南加羅)·록국(喙國)·안라(安羅)·다라(多羅)·탁순(卓淳)·가라(加羅) 등 7국을 평정하였다. 또 군대를 옮겨 서쪽으로 돌아 고해진(古奚津)에 이르러 남만(남쪽 오랑캐) 침미다례(忱彌多禮-해남)를 무찔러 백제에 할양하였다.[15]

『일본서기』의 위 기사에는 왜(倭)뿐만 아니라, 신라국과 백제국이 등장한다. 특히 백제국 대왕이 왜(倭) 왕과 만난 행위를 직접 기록하고 있다. 『일본서기』의 위 기사에 나오는 백제국 대왕이 『삼국사기』의 근초고 대왕이고, 신공 49년이 서기 369년이라면 『삼국사기』 「백제본기」 근초고 대왕 24(369)년 조에도 같은 사건이 기록되어 있어야 할 것이다.

(근초고왕 24년) 가을 9월에 고구려 왕 사유(고국원왕)가 보병과 기병 2만을 이끌고 '치양'에 주둔하고 군사를 나눠 민호를 약탈하니, 왕이 태자를 지름길로 보내 치양에 이르러 급히 쳐부수고 5천여 급(머리)을 얻고 사로잡은 포로는 장수와 군사들에게 나누어 주었다.[16] 겨울 11월에 한수 남쪽에서 군을 사열하였는데 깃발은 모두 황색을 썼다.[17]

---

15) 『일본서기』 신공 卌九年 春三月, 俱集于卓淳, 擊**新羅而破之. 因以, 平定比自烋·南加羅·喙國·安羅·多羅·卓淳·加羅, 七國. 仍移兵, 西廻至古津, 屠南蠻忱彌多禮, 以賜百濟**.
16) 『삼국사기』「백제본기」 근초고왕(近肖古王) 二十四年秋九月, 高句麗王斯由校勘 帥步騎二萬, 來屯雉壤, 分兵侵奪民戶. 王遣太子以兵徑至雉壤, 急擊破之, 獲五千餘級, 其虜獲分賜將士.
17) 『삼국사기』「백제본기」 근초고왕(近肖古王) 二十四年冬十一月, 大閱於漢水南, 旗幟皆用黃.

하지만 『삼국사기』 「근초고왕 24년(369)」 조에는 『일본서기』 신공 49년 조와 같은 기사 내용은 전혀 없다.

두 기사 내용 가운데 어느 것이 사실을 적시하고 있는지를 교차 검증해 보자. 『삼국사기』 「백제 근초고왕 26년(371)」 조는 근초고 대왕이 고구려의 평양성까지 진격해 고국원왕을 전사시켰다는 기록이 나온다.[18] 또한 이 기사는 『삼국사기』 「고구려 고국원왕 41년 (371)」 조에도 기록이 되어 있다.[19]

『삼국사기』는 고국원왕의 이름을 '쇠(釗)'라고 말하고 있는데, 중국의 『위서(魏書)』 「고구려 열전」에도 "쇠는 후에 백제에 죽임을 당했다"[20] 라고 기록되어 있다. 『삼국사기』 371년 조의 내용은 「백제 본기」, 「고구려 본기」뿐만 아니라 중국의 『위서』에 의해서도 사실임이 입증된다.[21]

『삼국사기』의 시각으로 보면 '한반도 임나설(가야국=임나)·임나일본부설'을 입증할 수가 없기에 일제 식민학자 이마니시 류, 쓰다 쇼키치, 스에마쓰 야스카즈는 『삼국사기』 '초기 기록 불신론'을 만들어 『삼국사기』를 부인하는 한편, 기년부터 맞지도 않는 『일본서기』를 사실이라고 강변해 왔다.

---

18) 『삼국사기』 「백제본기」 근초고왕(近肖古王) 二十六年, 冬, 王與太子帥精兵三萬, 侵高句麗. 攻平壤城 麗王斯由力戰拒之, 中流矢死. 王引軍退.
19) 『삼국사기』 「고구려본기」 고국원왕 41년, 四十一年, 冬十月, 百濟王率兵三萬, 來攻平壤城. 王出師拒之, 爲流矢所中, 是月二十三日薨. 葬于故國之原.
20) 『위서』 「고구려열전」 釗後百濟爲所殺.
21) 이덕일, 『동아시아 고대사의 쟁점』, 만권당, 2019, 259쪽.

임나일본부설은 학문이라기보다는 일본 극우파의 정치 선전에 불과하기 때문이다.[22]

『삼국사기』와 『일본서기』는 그 편찬 과정에서도 큰 차이가 난다. 『삼국사기』의 편찬자는 모두 11명인데 김부식은 글 끝머리에 "중국 사서는 통달해서 자세히 말하는 이가 있지만 우리나라 일에 이르러서는 갑자기 망연해져서 그 시말(始末)을 알지 못하니, 매우 한탄할 일이다. 중국 사서는 소략(疏略)하고 고기(古記)는 문자가 거칠고 졸렬하여 삼국의 사실을 다 갖추어 싣지는 못하였으나 이 책을 명산에 간직하지는 못하더라도 간장병 마개로 쓰진 마옵소서."라면서 정성 담은 진심의 글임을 여백으로 남겼다.

또 1971년 충남 공주에서 전혀 도굴된 적 없이 발굴된 백제 무녕대왕릉 지석은 "영동대장군 諱 사마왕이 523년 5월 7일 붕(崩) 하였다."라며 그의 죽음을 황제의 죽음을 뜻하는 붕(崩)으로 기록했다.

무녕대왕의 죽음이 『삼국사기』에는 523년 5월로 기록했기에 그 정확성에 놀라지 않을 수가 없다.[23] 또 박창범·라대일 교수는 중국·대한민국·일본, 3국의 1차 문헌 사료에 있는 모든 천문일식(日蝕)과 관련된 자료를 조사하여 그 실현율에 대한 연구 논문을 발표[24]했다.

---

22) 이덕일, 위의 책, 260쪽.
23) 『삼국사기』권 제26 백제 본기 제4 무녕왕(武寧王, 462~523).
24) 박창범·라대일, 「三國時代 天文 기록의 독자 관측 사실 검증」, 『한국과학사학회』제16권 제2호, 1994, p201.

실현율에서『삼국사기』가 평균 80%이고, 초기 기록은 89%에 달했다. 중국 기록은 78%이며,『일본서기』기록은 45% 신뢰도로 절반에도 미치지 못하였기에『삼국사기』기록이 그만큼 더 정확하다는 것을 증명했다.

『일본서기』신공 49년 조 기사는 '한반도 임나설(가야국=임나)'이 핵심적인 서술이다. 왜(倭)의 신공왕후가 신라를 쳐부쉈는데 정작 망한 것은 가야국이고, 듣도 보도 못한 임나(가야) 7국을 평정했다는 기사이다.

'왜(倭)'는 6세기 중엽까지 철을 제련하는 기술조차도 없었다. 국가 체제 형성도 안 된 백제국의 제후국에 불과한 왜(倭)가 한반도의 고대 가야국 강역(疆域)에는 있지도 않았던 7국을 평정한 후 임나일본부를 설치했다 한다. 그 후 서기 562년 '대가야국(고령)' 멸망 때까지 가야국을 통치(369~562년)했다는 한반도 임나설(가야국=임나)은 학문적으로도 성립 자체가 불가능하다.

필자는『일본서기』의 임나 7국 위치를 한반도에 억단하고 비정한 역사 매국사학에 "서기 369년에 가야국이 멸망했느냐?"라고 물었으나 아직껏 단 한 명도 대답하는 것을 듣지를 못했다.

가야국 왕력은 1대 김수로왕(42~199), 2대 거등왕(199~253), 3대 마품왕(253~291), 4대 거질미왕(291~346), 5대 이시품왕(346~407), 6대 좌지왕(346~407), 7대 취희왕(407~451), 8대 질지왕(451~491), 9대 겸지왕

(491~521), 10대 구형왕(521~532)이다.[25]

서기 369년은 5대 이시품왕의 재위 기간인데 가야국은 이시품왕 때 멸망하지도 않았고 그의 아들 좌지왕이 계속 뒤를 이어 즉위했다. 가야국은 멸망하지도 않았을 뿐만 아니라, 『일본서기』 신공 49년 기사는 허위이거나 아니면 대마도와 규슈, 왜(倭) 열도 안에서 발생한 사건을 기록한 것으로 해석해야 마땅하다.

---

25) 『삼국유사』「왕력(王曆)」

4.
신공왕후의 실체와 임나의 위치

『김해김씨 세보』

『김해김씨 세보』에는 가야국 2대 임금 거등왕의 아들 선(仙)이 어지러운 세상과 애처로운 (수로 대왕의) 장례식을 보고 선녀(仙女)와 같이 구름을 타고 떠나 버렸다[26]는 기사가 있다.

이 선녀를 '묘견(妙見) 공주'라고도 하는데, 일본으로 가서 규슈에 야마대국(邪馬臺國)을 세운 비미호가 되었다는 견해가 예전부터 존재했다. 또한 이를 일본에 묘견 신앙이 전수된 것으로 보는 연구 결과도 있다.[27]

『삼국사기』에는 왜(倭)왕 히미코가 서기 173년에 사신을 신라국

---

26) 『金海金氏王世寶』,「二世道王諱居登」, 王子諱仙見塵世表葬與仙女乘雲去.
27) 金煐泰,「百濟 琳聖太子와 妙見信仰의 日本傳授」, 東國大學校 佛敎文化硏究所『佛敎學報』 20, 1983.

에 보냈다는 기록도 있다.[28] 또 『삼국지』「위지」 오환선비동이열전 왜(倭)인 조[29]에는 히미코가 179년에 왕위에 올라 69년간 다스린 무녀(巫女)이며 강력한 인물로 "그 나라(倭)는 본래 남자를 왕으로 삼았고, 70~80년 다스리다 왜국(倭國)이 어지러워져서 서로 공격과 정벌하며 싸웠다."라고 하고, 함께한 여자를 왕으로 세우니 그 이름을 '비미호(卑彌呼)'라 한다.

그녀는 귀도(鬼道)를 섬기고 대중을 현혹하는 능력이 걸출하고, 나이는 많은데 남편은 없고 곁에 항상 남동생이 있어 나라 다스리는 것을 도왔다는 기록이다.

『일본서기』「신공기」에 120년을 더할 수 없다는 것은 『일본서기』「신공기」 편찬자들이 중국 『위지(魏志)』의 연대를 써 놓은 것에서도 알 수 있다. 『일본서기』「신공 39년」 조에, "이 해(年)의 간지는 기미(己未)인데, [魏志에 이르길] 명제(明帝) 경초(景初) 3년(239년) 6월에 왜 여왕이 대부, 난두미 등을 보내어 군에 이르러 천자에게 조헌을 청하자, 태수 등하는 관리를 보내 데려가 경도에 이르게 하였다"[30]라고 기록한 것이다.

즉 『일본서기』「신공기」 편찬자들은 신공 39년을 경초 원년(239)이

---

28) 『삼국사기』 신라본기 第二 阿達羅尼師今 二十年, 夏五月 倭女王卑彌呼遣使來聘.
29) 『삼국지』「위지」 오환선비동이전 왜인조 其國本亦以男子爲王 住七八十年 倭國亂 相攻伐歷及 共立一女子爲王 名曰卑彌呼 事鬼道 能惑衆 年己長大 無夫壻 有男弟佐治國 自爲王以來 少有見者.
30) 『일본서기』 卅九年 是年也 大歲己未[魏志云] 明帝景初 三年六月 倭女王遣大夫 難斗米等 詣郡 求詣天子朝獻 太守鄧夏遣使將送詣京都也.

라는 사실을 명확하게 기록해 놓았기 때문에, 신공 49년에 120년을 더하는 것은 『일본서기』 편찬자들의 연대표기에도 어긋나는 후대의 연대 조작에 불과한 것이다.

일본 구마모토 현 야쓰시로 신사에 묘견궁(妙見宮)이 있고, 일본 왕가의 조상으로 묘견(妙見) 공주를 모시고 있다고 한다. 고대 일본 열도로 건너가 야마대국 여왕이 된 묘견(妙見) 공주가 일본 말로는 묘켄 또는 히미코·비미호(卑彌呼)라고 추정된다.

중국의 정사(正史)에 나오는 야마대국(邪馬臺國) 여왕 히미코·비미호(卑彌呼)의 기록을 『일본서기』에서 신공왕후의 기록으로 차용한 게 아닌가 생각된다.

또 임나는 가야국이 아니라, 가야계가 왜(倭) 열도로 건너가 세운 분국이라는 견해가 1963년 북한 김석형의 '분국설' 주장 이후 여러 사람이 제기하였다.[31] 그중 하나는 임나가 대마도와 규슈에 있었다는 견해로서 경남 사천의 김인배·김문배 두 향토 사학자의 주장이다.

향토 사학자 김인배, 김문배

---

31) 김석형, 「삼한 삼국의 일본 렬도 내 분국들에 대하여」, 『력사과학』 63-1, 1963. 김석형, 『초기조일관계연구』, 사회과학원출판사, 1966.

현재까지도 일제 식민사학자들과 한국의 역사 매국사학에서는 그 위치를 비정함에 있어 문헌 사료나 유물·유적을 단 하나도 제시하지 않았지만, 지역 향토 사학자인 김인배·김문배는 임나의 위치를 대마도와 규슈 지역에 비정하게 된 근거를 밝혔다.

① 고대 지명에 대한 언어학적 고찰. ②『일본서기』기록에 대한 합리적 해석. ③ 고고학적 유적과 출토 유물에 따른 고증. ④ 한·중·일 삼국의 문헌 사료를 대조. ⑤ 해조류 상황에 의한 관련 기사의 고고학적 검증. ⑥ 그 밖의 방증 자료들을 통해 그 위치를 설득력 있게 비정을 했다고 했다.

그들은『일본서기』에는 그토록 빈번하게 등장하는 신라 정벌과 임나 관련 기록들이 한반도 안에서 일어난 고대 한·일 관계 사건을 기록한 게 아니라, 기내왜(畿內倭), 즉 대화조정(大和朝庭)의 구주쟁탈사(九州爭奪史)라고 밝혔다.[32]

---

32) 김인배·김문배 공저,『日本書紀』,「古代語는 韓國語」, 도서출판 빛남, 1991, p276.

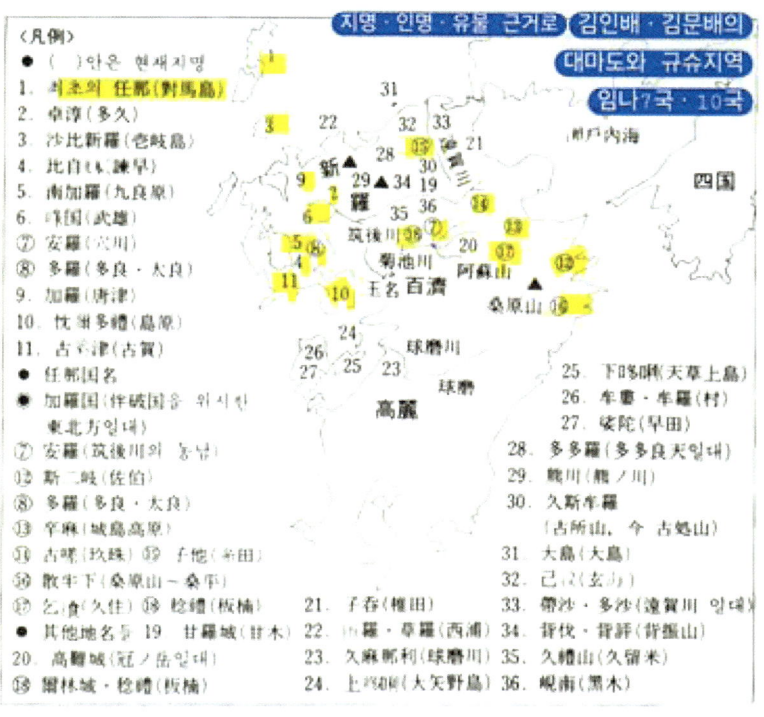

김인배·김문배 공저, 『일본서기』 「고대어는 한국어」 p274.

3장 유네스코 세계유산 등재 과정, 감춰진 음모

『삼국지』「위서」오환선비동이열전 왜인 조[33] 기록에 구야한국에서 한 바다를 건너 천여 리 가면 대마도에 이르고, 또 남으로 바다를 천여 리 이름하여 넓고 큰 바다(名瀚海)를 건너 일대국(一大國, 壹岐島)에 이르고, 또 바다를 건너 천여 리 말로국 주변(축자국)에 이른다고 했다.

한 번 더 『일본서기』 숭신(崇神) 65년 조, 기원전 33년 가을 7월 기록은 임나국의 위치가 대마도임을 아주 명확하게 알려 준다.

> 임나국이 소나갈질지를 보내 조공하였다. 임나는 축자국에서 2천여 리이고, 북쪽은 바다로 막혀 계림의 서남에 있다.[34]

> 한편 목협자가 처음 임나에 도착하였을 때, 그곳에 있는 사람들은 다음과 같이 노래하였다. 한국(韓國;카라쿠니)에서 무엇을 말하려고 목협자는 왔는가. 저 멀리 일기(壹岐;이키)로부터 목협자가 건너왔네.[35]

하나같이 임나국의 위치를 제대로 규정하고 있다. 가야국의 북쪽에는 바다가 없다. 그런데 요즘 역사 매국사학에서는 심지어 낙

---

33) 狗耶韓國...始度一海,千餘里至大馬國..又南渡一海千餘里...名瀚海至一大國...又渡一海, 千餘里至末盧國.

34) 『일본서기』崇神 六十五年 秋七月, 任那國遣蘇那曷叱知, 令朝貢也. 任那者, 去築紫國二千餘里, 北阻海以在鷄林之西南.

35) 『일본서기』계체 24년 530년(是歲) 目頰子, 初到任那時, 在彼鄕家等, 贈歌曰, 柯羅屨儞鳴, 以柯儞輔居等所, 梅豆羅古枳馱樓, 武駕左屨樓, 以祇能和駄唎鳴, 梅豆羅古枳馱樓. - 동북아역사넷, 와세다대학 전자도서관 -.

동강을 두고 김해만 위쪽에다 '고 대산만'이라며 박물관에 지도를 전시해 놓았다.

『일본서기』에는 가야국이 멸망한 이후에도 약 100년간 임나국이 수시로 나온다.[36]

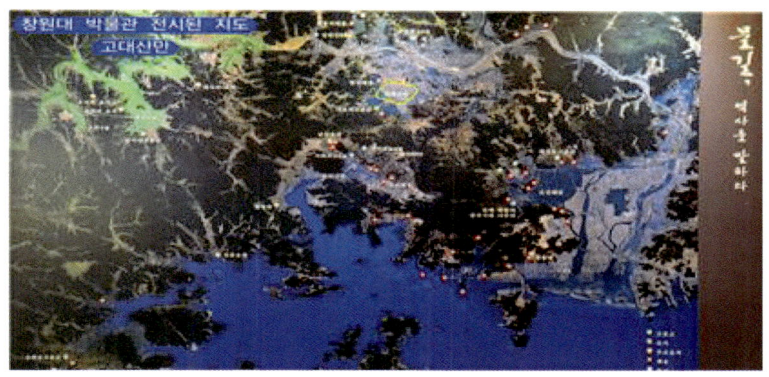

『삼국지』「위서」'오환선비동이열전'과 『일본서기』도 한반도 고대 가야국 강역(疆域)이 아니라, 대마도와 규슈, 왜(倭) 열도 안에 있었다는 기록들인데, 지금껏 '한반도 임나설(가야국=임나)'을 강요하고 억지로 단정해 왔다.

---

36) 『일본서기』 추고 19년, 611년 秋八月, 新羅遣沙㖨部奈末北叱智, 任那遣習部大舍親智周智, 共朝貢(신라·임나가 사신 보내서 조공). 『일본서기』 서명 10년, 638년 是歲, 百濟新羅任那並朝貢 (백제·신라·임나가 사신을 보내서 조공). - 와세다대학 전자도서관 -. 『일본서기』 효덕 대화 2년 646년 2월 15일 高麗·百濟·任那·新羅, 幷遣使, 貢獻調賦. 고구려, 백제, 임나, 신라가 사신을 보내 조부(調賦)를 바쳤다.

『태백일사』「고구려 본기」에 옛날부터 대마도와 규슈는 고구려국·백제국·신라국의 본국이 나누어 다스리던 땅으로, 본래부터 왜(倭)인이 대대로 살던 곳이 아니라고 말했다.

임나는 본래 대마도의 서북 경계에 위치하여 북은 바다로 막혀 있다. 다스리는 곳을 '국미성'이라 했다. 동쪽과 서쪽 각 언덕에 마을이 있어 혹은 조공하고 혹은 배반하였다. 뒤에 대마도의 두 섬이 마침내 임나의 통제를 받게 되어 이때부터 임나는 대마도 전체를 가리키는 이름이 되었다. 옛날부터 규슈와 대마도는 삼한이 나누어 다스린 땅으로, 본래 왜인들이 대대로 산 곳이 아니다. 임나가 또 나뉘어 삼가라가 되었는데, 이른바 '가라'라는 것은 중심이 되는 읍(音邑)을 부르는 이름이다. 이때부터 삼한(삼가라의 왕)이 서로 다투어 오랜 세월이 지나도록 화해하지 못하였다. 좌호가라가 신라에 속하고, 인위가라가 고구려에 속하고, 계지가라가 백제에 속한 것은 이 때문이다. 영락(광개토열제) 10년(단기 2733, 400)에 삼가라가 모두 고구려에 귀속되었다. 이때부터 바다와 육지의 여러 왜를 모두 임나에서 통제하여 열 나라로 나누어 다스리면서 연정이라 했다. 그러나 고구려에서 직접 관할하였기에 열제의 명령 없이 마음대로 하지는 못하였다.[37]

대마도의 지형은 섬이 많고 산으로 가로막혀 있었기 때문에 나누어져서 삼가라(三加羅)가 되었고, '가라'라는 것은 중심이 되는 수읍(首邑)의 이름이다. 이때부터 삼한(三汗)이 서로 다투어 오랜 세월이 지나도록 화해하지 못했는데 대마도의 북부는 좌호가라(佐護加羅)로 신라에 속하고, 중부는 인위가라(仁位加羅)로 고구려에 속하고, 남부는 계지가라(鷄知加羅)로 백제에 속했다.

여기에 있는 '좌호·인위·계지'라는 지명은 지금도 대마도에 그대로 흔적이 남아 있고, 임나는 대마도의 서북쪽 경계였다가 대마도 전체가 되었고, 나중에는 삼한(三汗), 삼가라(三加羅)가 된 임나, 임나가라는 대마도라는 것이다.

---

37) 윤창열, 「광개토대왕비문과 환단고기의 整合性」, 『세계환단학회지』 (5권 1호), 2018, p96, p97.
"任那者는 本在對馬島西北界하니 北阻海하고 有治曰國尾城이오 東西에 各有墟落하야 或貢或叛이러니 後에 對馬二島가 遂爲任那所制故로 自是로 任那는 乃對馬全稱也라 自古로 仇州對馬는 乃三韓分治之地也오 本非倭人世居地라 任那가 又分爲三加羅하니 所謂加羅者는 首邑之稱也라 自是로 三汗이 相爭하야 歲久不解하니 佐護加羅는 屬新羅하고 仁位加羅는 屬高句麗하고 鷄知加羅는 屬百濟가 是也라 永樂十年에 三加羅가 盡歸我하니 自是로 海陸諸倭가 悉統於任那하야 分治十國하니 號爲聯政이라 然이나 直轄於高句麗하야 非烈帝所命이면 不得自專也니라"

5.
『삼국사기』에
'기문' 기재 논리와 비판

　지금껏 경남에 있는 박물관의 학예사들이 『삼국사기』에도 '기문' 기록이 나온다고 주장하고 말해 왔다. 하지만 자세히 들여다보면 '기문(己汶)'이 아니라, '여섯째 지지 **사(巳)**'로서 상사(上巳)의 약칭으로 기록된 **사문(巳汶)**'이다.

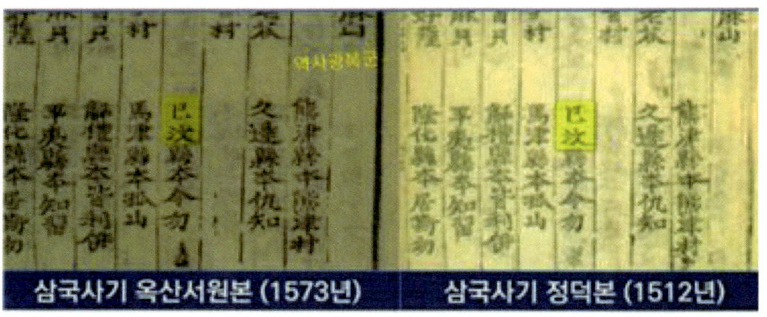

『삼국사기』「옥산서원본」과 「정덕본」

　『삼국사기』「옥산서원본」「정덕본」의 기록을 들여다보면 **'사문(巳汶)**'이다. 또한 **국사편찬위원회의 한국사 데이터베이스 홈페이지**

기록에는 '**사문(巳汶)**'을 '기문(己汶)'으로 조작해서 적어 놓았다.[38]

고문헌 속의 '한 글자' 기록이 얼마나 중요한지 알고 있을 국가 공공기관의 어처구니없는 행태라 하지 않을 수 없다.

---

38) 『삼국사기』 권 제37 잡지 제6 웅진도독부 소속 주·현 支潯州九縣. **巳汶縣, 本校勘 今勿. 支潯縣, 本只彡村. 馬津縣, 本孤山. 子來縣, 本夫首只. 解禮縣, 本皆利伊. 古魯縣, 本古麻只. 平夷縣, 本知留. 珊瑚縣, 本沙好薩. 隆化縣, 本居斯勿.**

6.
「양직공도」에 '기문, 다라' 기재의 논리와 비판

일본 극우세력과 한국의 역사 매국 사학이 『일본서기』에만 기록된 다라와 기문 명칭을 대한민국의 합천군과 남원시로 비정하게 된 근거로 지나(CHINA) 문헌 사료인「양직공도」를 앞세우면서 말한다. 또 『일본서기』, 『삼국사기』에도 나온다고 말한다. 그들의 주장이 얼마나 허구인지,「양직공도」에 있는 자료를 제시하여 확인해 보자.

먼저 「양직공도」는 양무제(503~548)의 일곱 번째 아들로 양나라 원제가 된 소역이 형주자사 시절(526~539)에 조공하러 온 사신들 모습을 묘사한 두루마리 그림으로, 서기 539년 이전에 완성한 것으로 추정된다.

「백제국사도(百濟國使圖)」는 양나라 무제 재위 연간에 소역이 백제 사신 행차를 그린 문서로「양직공도」 실물은 소실되어 없고, 전하는 것은 6세기에 그려진 원본을 북송(1077) 시기에 12개국 사신들 모습을 그린 모사도가 현재 남아 있는 것이다.

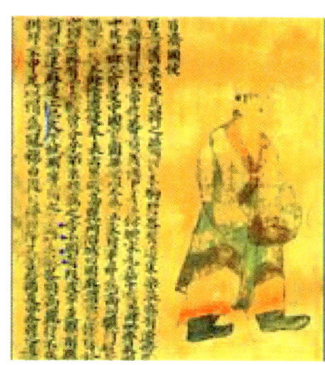

「양직공도」 백제 국사

백제는 옛 래이(來夷)로 마한(馬韓)에 속했다. 진말에 (고)구려가 요동을 차지하자 낙랑(백제) 역시 요서·진평현을 차지하였다. (서)진 이래로 조공해 왔는데 (동진)의희(義熙) 연간(405~418)에 왕 여전(진지왕), 송나라 원가(元嘉) 연간(424~453)에 왕 여비(비유왕), 제나라 영명(永明) 연간(483~493)에 여태(동성대왕) 모두 중국 관작을 받았고, 양(나라)초 태(동성대왕)를 정동장군으로 삼았다. 몇 차례 고구려가 침략했는데 (양나라) 보통 2년 그 왕 여융(무녕대왕)이 사신을 보내 표를 올리며 고하길 잇달아 고구려를 무찔렀고, 그 나라 도성은 고마라 하고 읍을 담로라 하는데, 이는 중국 군현과 같다. 22담로가 있어 (왕) 자제 종족이 나누어 다스렸다. 담로(檐魯) 주변 소국(傍小國)은 반파, 탁, 다라, 전라, 사라, 지미, 마련, 상사문, 하침라 등이 붙어 있다.[39] 언어와 의복은 대체로 고(구)려와 같다. 걸을 때 팔을 벌리지 않고, 절을 할 때 다리를 펴지 않는다. 모자로 관을 삼고 저고

---

39) 「양직공도」 百濟國使 百濟舊來夷馬韓之屬晉末駒餙畧有遼東樂浪亦有遼西晉平縣自晉已來常修蕃貢義熙中其王餘腆宋元嘉中其王餘毗齊永明中其王餘太皆受中國官爵梁初以太爲征東將軍尋爲高句驪所破普通二年其王餘隆遣使奉表云累破高麗所治城曰固麻謂邑曰檐魯於中國郡縣有二十二檐魯分子弟宗族爲之旁小國有叛波卓多羅前羅斯羅止迷麻連上巳文下枕羅等附之言語衣服畧同高麗行不張拱拜不申足以帽爲冠襦曰複衫袴曰褌其言參諸夏亦秦韓之遺俗.

3장 유네스코 세계유산 등재 과정, 감춰진 음모   79

리를 복삼이라 하며 바지를 곤이라 한다. 그 나라 말(言)에는 하 왕조 말(言)이 섞였으니 이는 진한 습속이 후세에 전해진 것이다.

위 사료를 보면 역사 매국사학의 억지 주장이 참 딱하기 그지없다. 「양직공도」의 기록 가운데 어디에 그들이 앵무새처럼 주장하는 남원을 '기문국', 합천을 '다라국'이라고 지칭하는 표현이 나오는가?

혹시 있다고 하면 그 근거가 되는 1차 문헌 사료를 먼저 제시해야 하는데 하나도 제시하지 못하는 것은 억지 주장에 불과하다고 하겠다.

글머리는 대륙 백제를 말하고, 글 가운데는 22담로(檐魯)가 있어 중국 군·현과 같아 왕의 자제·종족이 나눠 다스린다고 하였다. 그 주변 소국(傍小國) 9개로 '반파·탁·다라(多羅)·전라·사라·지미·마련·상사문(上巳文)·하침라' 중에 기문(己汶)은 눈을 씻고 찾아봐도 없다. 기문(己汶)이 아니라, 상사문(上巳文)이 있을 뿐인데, 역사 매국사학은 〈상사문〉이 '기문'이라며 억지 주장을 고집한다.

우선 '상사문(上巳文)'과 '기문(己汶)'이라는 한문과 글자 수조차도 다 다르다. 1차 문헌 사료로 그 근거를 제시하라고 하니, 그것에 대한 답은 없고 부경대 사학과 교수인 이근우는 지역 강연에서 "巳와 己, 己 자는 서로 혼용해서 쓴다."라며 부수 몸 기(己)는 같을 뿐, 뜻은 다른데도 억단(臆斷)만 되풀이로 말한다.

그리고 "다라가 합천이다."라고 말한다. 정말 원문을 자세히 보기라도 하고 한 말이던가!

경상남도 모든 박물관에서 학예사들이 말하길 「양직공도」에는 '다라국'이 기록되어 있다고 하고, 합천이 '다라국'이라고 억단의 주장을 말한다. 설사 〈다라〉 명칭이 나온다 치더라도 그 명칭이 '합천'이라는 근거를 제시하라고 하니 그 대답은 전혀 없다.

합천을 '다라국(多羅國)', 남원을 '기문국(己汶國)'이라고 지칭하는 게 허구이고, 지나(CHINA) 문헌 사료인 「양직공도」 백제국사도(百濟國使圖)의 기록과는 전혀 관련이 없다는 것도 이제 밝혔다. 상사문의 '문' 글자도 글월 문(文)이고, 기문(己汶)의 한문 글자가 다 틀리는데 "기문이 남원"이라고 말한다.

현재 고대 가야국의 역사와 관련된 국가유산청, 국가기관에는 역사 매국 사학계가 완벽히 포진해 있다.

경상남도 박물관과 각 문화재 관련 연구소의 학예사는 더 이상 합천을 '다라국', 남원을 '기문국'이라며 「양직공도」 기록에도 나온다는 허무맹랑한 말을 결코 해선 안 된다고 본다.

7.
『한원(翰苑)』「백제전」괄지지 '기문' 기재 논리와 비판

「괄지지」에서 말하기를, 웅진하(금강) 수원은 나라(백제) 동쪽 경계에서 나와서 서남으로 흘러 나라 북쪽으로 백 리를 가다가 서쪽으로 흘러 바다로 들어간다. 넓게 머무는 곳은 삼백 보이고, 그 물은 맑다. 또 기문하(基汶河)가 있는데(수원이 그 나라에 있다), 그 나라 남산에서 수원이 나오며 동남쪽으로 흘러 큰 바다로 들어가고 그 물속에 어족은 중국 여름같이 베푼다.[40]

산자분수령(山自分水嶺)은 '산은 스스로 물을 나누는 고개'란 뜻으로 아주 짧은 문구이지만 큰 의미를 포함하고 있다. 대한민국 모든 산맥의 산줄기 또한 아주 크고 작은 물줄기를 나누는 경계가 되어 왔다.

"산은 물을 건너지 못하고 물은 산을 넘지 못한다"라는 말은 산을 찾는 이에게 아주 익숙한 표현이다. 금강의 수원은 장수군 장

---

40) 『한원(翰苑)』「백제전」括地志曰 熊津河源出國東界 西南流 經國北百里 又西流入海 廣處三百步 其水至淸 又有基汶河(在國源出其國) 源出其國南山 東南流入大海 其中水族與中夏同

수읍 수분리 신무산 9부 능선에 있는 '뜬봉샘'에서 발원한다. 또 섬진강의 수원은 전북 진안군 백운면 국사봉 계곡의 '데미샘'에서 발원하며, 남강의 수원은 함양군 남덕유산의 '참샘'에서 발원하는 것으로 알려져 있다.

위 『한원(翰苑)』괄지지의 어느 기록에서 기문(己汶)의 위치가 남원이라고 사료가 될 만한 게 있는가? 웅진하가 금강이고 수원지를 금강에 둔 '기문하'라고 했는데도 어찌하여 '섬진강 혹은 남강'이라며 함부로 억지 주장을 할 수 있는가?

또한 한국민족문화대백과사전에도 기문(己汶)을 왜곡 설명하고 서술해 놓았다.

『한원』「백제전」의 기문하(基汶河)에 대해 "나라(백제)의 남쪽에서 발원하여 동남쪽으로 흘러 바다에 이른다. 이 강은 섬진강으로 봄이 자연스럽다"라고 쓰어 있다.

대한민국의 모든 민중과 학생들의 지식 정보 창고로 이용되는 한국민족문화대백과사전에서도 '남산(南山)'이라는 기록을 남쪽이라고 써 놓고 "섬진강으로 봄이 자연스럽다"라며 거짓 정보를 서술해 놓았다. 고문헌의 글 한 자가 얼마나 큰 파장을 부를 것인가를 생각한다면, 이러한 오류는 참으로 부끄러운 일이라 반문하지 않을 수가 없다.

또 역사 매국 사학에서 처음에는 성주군을 반파로 비정하고, 남원은 '기문'이라고 비정하더니 요즘에는 '호남가야'라고 호칭하며,

전북 장수군이 '반파국'이라는 학술대회[41]도 열었다고 한다.

 1차 문헌 사료나 유물을 가지고 그 근거를 먼저 제시해야지, 그러지 않고서는 그 어떤 소리를 하더라도 아주 딱하기가 그지없는 낭설이 아니겠는가?

---

41) https://m.yna.co.kr/view/AKR20210628074200055?input=kkt
전북도-장수군-호남고고학회, 29일 장수 지역 고대가야 학술대회 개최(2021. 6. 28. 연합뉴스, 최영수 기자) = 호남고고학회와 전북도, 장수군이 공동 주최하는 고대 가야 (반파가야)를 규명하기 위한 학술대회가 29일 장수군청.

8.
남원을 '기문국'으로 비정한 허구 주장과 그 반론

대일항전기 때 1914년 4월 1일 일제 조선총독부의 행정구역 조정에서 운봉군이었던 게 남원군으로 통폐합되었다.

> 5~6세기 가야연맹 중 가장 서북부 내륙에 위치하였던 기문국을 대표하는 고분군으로 가야연맹의 최대 범위를 드러내면서 백제와 자율적으로 교섭했던 가야 정치체의 모습을 잘 보여준다.
> 가야 석곽묘에 부장된 토기는 고배·통형기대·목 긴 장경호로 구성되며, 토기의 세부 양식에 대가야 영향이 일부 반영되어 나타나 관계성을 보여준다. 한편 고분에서 출토된 중국계 청동거울과 백제계 금동신발, 목걸이, 유리구슬은 백제 왕릉의 부장품과 매우 흡사하여 기문국이 백제와 자율적으로 교섭했던 모습을 보여준다.[42]

> 백제가 가야 지역으로 진출하는 과정을 보여주고 있다. 백제가 6세기 초반에 섬진강 유역의 남원 지역[기문]과 하동 지역[대사]으로 진출하고 있

---

42) 가야고분군 세계유산등재추진단, 남원 유곡리와 두락리고분군, 2022.

음을 알 수 있다. 기록은 왜(倭)가 개입하여 백제에 지역을 할양하는 것처럼 되어 있으나 『日本書紀』의 내용은 편찬 당시, 즉 8세기경의 율령 국가적 사관에 의하여 집필된 것이므로 왜가 백제에 하사했다는 내용은 사실 그대로 받아들일 수 없다. 따라서 이 기록들은 백제와 가야와의 관계로서, 백제가 가야 지역으로 진출함에 따라 대가야와 대립하고 있는 것으로 이해하는 것이 옳다(남재우 2003:208). 즉 임나 지역이었던 상다리, 하다리, 사타, 모루 4현과 기문·대사가 512년과 513년에 백제의 영역이 되었다는 것이다. 4현의 위치에 대해서는 다양한 논의가 있지만(김태식 2014a:180), 최근 들어 전남 동남부 지역을 임나 4현으로 비정하는 설이 주류를 이루고 있다. 고고학적 연구 성과에서는 여수, 순천, 광양 지역으로 비정하고 있다(김태식 2002b: 184-185, 박천수 2006, 이동희 2007b). 특히 전남 순천 운평리 고분군은 유적과 출토 유물 분석 결과 순천 지방의 토착 세력에 대하여 대가야가 간접 지배하거나 상하연맹 관계 정도의 영향력이 미치고 있었음이 확인되고 있다(이동희 2008:145). 또한 전남 동부 지역에서 5세기 후반~6세기 초의 대가야계 유물이 집중되고 있는 지역이 여수·순천·광양이고 임나 4현과 관련되므로 대가야의 서쪽 국경선으로 볼 수 있다(이동희 2008:145). 따라서 임나 4현에 해당하는 여수, 순천, 광양 지역은 최소한 512년까지는 가야 문화권에 속했다고 볼 수 있다. 대사는 하동 지역으로 비정되고 있고, 기문은 남원 일대로 보는 것이 일반적이다(今西龍 1970:386-390). 다만 우륵 12곡에 기문(己汶)이 奇物로 표기되면서 上奇物과 下奇物로 나타나고 있다. 따라서 기문은 광범위한 지역으로서 남원, 임실뿐만 아니라, 장수군 일대까지 포함시킬 수 있

다.(김태식1993:123-124) [43]

'남원 유곡리와 두락리 고분군' 유물·유적은 대가야국 강역이다. 그 지역에서 발굴된 유물·유적들 대부분이 대가야국 계통 위주라고 많은 연구 발표가 있었다.

그런데도 '임나 7국, 임나 10국, 임나 4현'의 소읍·분국의 명칭을 대마도와 규슈, 왜(倭) 열도 안에 헤아릴 수도 없이 남아 있는 인명과 지명, 유물·유적을 찾아 비정하지 않고, 한반도 남부 경상도와 전라도에 비정했다.

그런데도 한반도 남부 경상도와 전라도 지역에 남은 흔적이라는 단, 하나도 없는 곳에다 그 위치를 비정하니 참 억지스럽기만 하다. 대사는 하동 지역이 아니다.[44]

호남 동부 지역은 한반도 13 정맥의 하나인 호남정맥 동쪽으로 5세기 중엽 이후 고령 양식 토기가 본격적으로 나타난다(곽장근 1999). 이 지역에 있었던 가야 소국으로는 전북 지역의 上己汶(장수 번암 및 임실), 下己

---

43) 남재우, 기록으로 본 가야문화의 성격, 창원대학교, 2013, p11, p12.
44) 역사 매국사학에서는 다사(帶沙) 강을 지금껏 섬진강 지역을 두고 주장해 왔다. 하지만 다사 강은 지금의 일본 아사이 강과 요시이 강의 가운데를 흐르는 스나 강에 해당한다. 즉, 다사는 스나 강의 서쪽에 위치한 오끼(沖) 마을 근처로서 주변에는 나루터들이 많이 있었다는 역사 기록도 있고, 조희승은 현지 답사로 확인까지 했다. 그 일대에는 고분을 비롯한 유물·유적과 '유게하·가지야' 등 제철 단야와 고대 무기 생산 수공업장과 관계되는 지명, 주변에는 또 '다다라'는 지명도 있다. 다사는 하동이 아니라, 오늘날의 아카이와군 세토정과 남쪽에 접한 오카야마 시 일부이다.

汶(남원)과 전남의 娑陀(순천), 牟累(광양), 上哆唎(여수), 下哆唎(돌산) 등이 있다(전영래 1985, 김태식 2002, 이동희 2005, 박천수 2006). 다만, 기문을 경북 김천시 개령면에 비정하는 견해(천관우 1991, 김현구 2000)도 있고, 다라를 경북 의성군 다인, 사타를 칠곡군 인동, 모루를 예천으로 비정하는 견해도 있다(천관우 1991). [출처 : 김태식, 《사국시대의 가야사 연구》(2015), 346쪽.]

『일본서기』에만 나오는 임나 소국들을 '후기 가야의 소국'이라고 날조하여 고대 대마도와 규슈, 왜(倭) 열도에 있었던 소읍·분국을 마치 한반도 남부 전라도와 경상도의 고대 가야국 강역(疆域)에 있었다는 식의 소국 이름으로 호도하고 있다.

김태식은 1차 문헌 사료나 유물·유적 근거도 하나 없이 임나 사이기국(斯二岐國)은 부림으로, 임나 다라국(多羅國)은 합천으로, 임나 상기문(上己汶)은 장수 번암과 임실로, 임나 하기문(下己汶)은 남원으로 일제 사학자와 이병도를 쫓아 그대로 베껴 위치를 비교하여 정하였다.

그것은 일제 식민사학자들과 해방 후에도 그들을 추종한 이병도·신석호의 영향을 받아 서로 경쟁하며 한반도의 고대 가야국 강역에다 『일본서기』의 임나 제국과 '한반도임나설(가야국=임나)'을 토착화하는 데 기여를 한 격이다.

5세기 후반 가야의 영역(2018 박천수)

지금까지 발굴된 유물·유적으로 밝힌 역사적 진실은 전라도 동부 지역 남원 일대는 대가야국 권역에 속한다는 것이다.

일제 식민사학자들 가운데 조작의 귀재인 이마니시 류(今西龍-기문 반파고)를 비롯하여 아유카이 후사노신(鮎貝房之進-일본서기 조선지명고), 쓰다 쇼이치(津田左右吉 - 이병도의 지도교수), 쓰에마쓰 야스카즈(末松保和 -임나흥망사) 등은 대표적인 『삼국사기』 초기 기록 불신론자들이다.

남재우도 역시 2013년에 연구 발표한 논문에서 '한반도 임나설(가야국= 임나)'을 대전제(大前提)로 두었다. 그도 또한 식민사관을 주도했던 이병도, 김태식, 천관우, 박천수, 이동희, 조영제, 전영래, 곽장근 등과 같이 일제 식민사학자들의 주장을 추종하여 따랐다.

일왕 부자 요시히토와 히로히토는 명령으로 일제의 대한제국 침략과 지배를 역사적으로 합리화하고 정당화하기 위한 목적으로 조선총독부 직속 조선사편수회를 조직하였다. 그 후 일제 식민사학의 결정체요, 식민사학 총서로 편찬된 『조선사(朝鮮史)』 35권이 그 뿌리이다.

역사 매국사학의 여러 논문을 읽고 깨닫게 된 것은 지금의 모든 공공기관 기록물에서 『일본서기』에만 나오는 임나사(任那史) 관련 용어의 위치 비정을 경상도와 전라도 지역으로 한다는 1차 문헌 사료로 그 근거를 전혀 제시하지 않는다. 그러나 지금도 일본에는 셀 수 없을 정도로 많이 남아 있는 흔적인 지명과 인명, 유물·유적들이 있다. 그래서 그 용어의 위치를 대마도와 규슈, 일본 열도 안으로 비정하면 문제 될 게 하나도 없다는 사실이다.

9.
합천을 '다라국'이라 비정한 허구 주장과 그 반론

아래는 가야국 역사(歷史)를 '한반도임나설(가야국=임나)·임나일본부설'로 엮은 조선총독부 직속 조선사편수회 출신으로 1945년 해방 후에도 일제 식민사관을 주도했던 이병도의 주장[45]이다.

신라의 가장 두통거리는 가야 방면에서 활동하는 왜인의 세력이었으니, 신라의 이 방면에의 진출을 저지하는 것도 가야를 후원하는 왜인의 세력이었다. 당시 변진족의 옛 나라로 낙동강 본류역 및 그 서쪽에 상존한 자를 〈일본서기〉에 의하여 들어 보면 창녕 방면에는 비자본(〈위지〉의 불사국), 김해 방면에는 남가라(〈위〉의 구야국), 함안 방면에는 안라 (〈위지〉의 안사(야-오기))국, 고령 방면에는 임나가라(〈위지〉의 미마사조국), 성주 방면에는 반피(〈위지〉의 반로국), 부산 방면에는 졸마(〈위지〉의 주조마국) 등이 있고 그 밖에 연국(달구벌 즉 대구), 기탄(칠곡?), 탁순(창원?), 다라(합천), 산반해(신번), 사이지(기-오타, 삼가), 자타(거창?) 등 소부락들이 있었는데 이들은 다 연맹 형식으로 상호 친밀한 관계를 갖던 자이며…

---

45) 이병도, 「한국 고대 사회사 론고」, 한국학술정보, 2012, p190.

이렇게 말하면서 이병도는 신라 건국을 내물이사금(356~402)으로 보고 가야국을 지원하는 왜(倭) 세력이 신라의 두통거리였다며 『일본서기』에만 있는 임나가라 등 13국 이름을 고대 가야국 강역(疆域) 안으로 적었지만, 그 근거로 제시된 1차 문헌 사료든 유물·유적이든 입증할 만한 근거는 하나도 없다.

일제 식민사학자들(좌로부터 시라토리, 이마니시, 아유카이, 쓰다, 스에마쓰)

그의 일제 스승들인 시라토리 구라기치, 이마니시 류, 아유카이 후사노신, 쓰다 소키치, 스에마쓰 야스카즈 등의 뜻을 이어받아서 그도 『삼국사기』 '초기 기록 불신론'을 추종하여 1차 국보 문헌 사료인 『삼국사기』, 『삼국유사』 「가락국기」 등은 전혀 인정·인용조차도 하지 않았고, 그들의 아류인 역사 매국 사학계에서는 지금까지도 계속 추종해 오고 있다.

그리고 『일본서기』와 『삼국사기』의 기록을 교차 비교하며 위에서 언급한 6국을 찾아보았으나 이름이 똑같은 게 하나도 없고, 나머지 다른 나라들 이름도 마찬가지다. 이 국명(國名)들을 같은 것으로 보기는 어렵다. 1차 문헌 사료로 제시된 근거도 하나 없는 억지 논리에 불과하기에 도저히 학문적 고찰로써 구한 결과로 볼 수가 없다는 것이다.

다음은 대일항전기 일제 사학자들이 1차 문헌 사료에 의한 근거 제시는 하나도 없이 마음대로 국명의 위치를 한반도 영·호남 지역에 비정한 그 낭설을 그대로 베껴 역사 매국사학에서 서로 참고, 인용 자료로 논문을 써 왔다는 것을 그들 스스로 밝힌 표이다.

[후기 가야 13국에 대한 지명 비정][46]

연구자 국명	津田左右吉 쓰다 소키치	今西龍 이마니시 류	鮎貝房之進 아유카이 후사노신	末松保和 스에마쓰 아스카즈	이병도	천관우	김태식
가라국	김해	고령	고령	고령		고령	고령 고령읍
안라국	함안	함안	함안	함안	함안	함안	함안 가야읍
사이기국			신반현	의령부림 신반리	삼가		의령 부림면
다라국	반성	합천	합천	합천	합천	합천	합천읍
졸마국			금해, 솔마	김해·마사리·솔마	김천	합천	
고차국	고성		고성	고성	고성	고성	고성읍
자타국			진주	거창·진주			거창읍
산반하국			초계	초계	의령		합천 초계
걸찬국			창원	창원·굴촌현·단계			산청 단성면
임례국			김해	거창 위천			
탁순국	칠원	창원	대구	대구		대구	창원시
탁기탄국	영산	대구	경산	경산		경산	창녕 영산면
남가라국	구포	김해	김해	김해		김해	김해시

---

46) 남재우, 위의 논문, 창원대학교, 2013. p15, p16.

첫째, 이 유적은 유구의 형태에 따라 Ⅰ기(목곽묘기), Ⅱ기(고총고분기)의 두 시기로 크게 나눌 수 있다. 이러한 유구의 변천은 함께 출토된 자료에 의하여 Ⅰ기는 대략 4세기를 중심으로 5세기 중엽까지, Ⅱ기는 5세기 후반에서 6세기 전반대로 비추어진다.

둘째, 이 고분군에서 발견된 유물들은 앞에서 살펴본 대로 우리나라 고분에서 발견될 수 있는 것들이 거의 망라되어 있으며, 그중에서도 최고 수장급의 무덤에서 일반적으로 발견되는 대표적인 자료들이기 때문에 어떤 가야 지배자들임이 분명해졌다. 이 경우 과연 어떤 가야였을까 하는 것이 문제인데, 비록 지금은 이름만 전해오는 다라국이 일찍이 선학들에 의하여 지적된 바와 같이 합천 일대로 비정되어 오기 때문에 이 고분의 발견과 조사는 곧바로 국명밖에 없는 다라국의 실상을 밝히는 작업일 수밖에 없다. 더욱이 이 점은 이 유적의 인근(직선거리 0.8㎞)에 다라리라는 마을이 존재하기 때문에 더욱 분명하다고 생각된다. 앞으로 계속 조사가 진행되어 보다 많은 자료가 확보되면 될수록 다라국의 실체 파악이 더 뚜렷해질 것이며, 나아가 다라국과 밀접한 관계를 맺고 있었다고 생각되는 대가야 중심의 가야 후기 정치 판도 및 한국 고대사의 이해에 커다란 공헌이 예상된다. 출토 자료의 대부분이 일본의 중기 고분에서 출토되는 것과 유사하여 향후 한·일 고분 문화의 비교 연구와 이를 토대로 한 한·일 고대사의 재정립에 결정적인 구실을 담당할 수 있을 것으로 예상된다. 4~6세기 가야연맹을 구성했던 다라국을 대표하는 고분군으로 다라국의 중심지이자 교통의 결절지인 황강 주변의 구릉지에 위치하며 다른 정치체, 주변국과 활발히 교류했던 모습을 잘 보여준다.

옥전 고분군은 20세기 중반까지 숲으로 덮여 있었으나 1980년대 고고학 지표조사를 통해 가야 시대의 고분군으로 밝혀졌다. 1980년대 옥전 고분군의 발굴 조사를 통해 문헌으로 전해지던 다라국의 위치와 존재가 확인되었다. 또한 묘제와 부장품을 통해 가야 시대 고분으로서의 중요성이 인정되어 1988년 사적으로 지정되었다. 지리적으로 가야연맹의 중심에 위치한 다라국은 황강을 이용한 교역을 통해 성장하였다.[47]

이에 대하여 충주 지역 향토 사학자 류금열의 「초팔국 강역 임나 다라국의 허구성 증명」을 통해 선학자의 글에 반론하고 『일본서기』에만 있는 '다라'라는 명칭을 경남 합천에다 '다라국'이라는 정치체 국명(國名)으로 비정한 게 허구라는 사실을 밝힌다.[48]

<자료 1> 삼한시대 변한(弁韓) 지역 소국 가운데 현재 기록에 남아 있는 합천군 지역 소국으로 합천 지역 다라국(多羅國), 초계 지역 초팔혜국(草八兮國), 삼가 지역 사이기국(斯二岐國)이다.[49]

여기서 다라국(多羅國)과 사이기국(斯二岐國)의 출처가 『일본서기』에만 나오는 임나에서 비롯됐다는 사실을 밝히지 않았기 때문에, 일반적으로 보통 사람들은 다라국과 사이기국이 고대 '대가야국'

---

47) 가야 고분군 세계유산등재추진단, 합천 옥전고분군, 2022.
48) 류금열, 「초팔국 강역 임나 다라국의 허구성 증명」, 문화재청 2021.
49) 『陜川郡誌』「新篇」(1981), p601.

강역에 있었던 국가로 인식할 수밖에 없을 것이다. 하지만 그 실체는 대일항전기에 조선총독부 직속 조선사편수회 출신인 이병도가 그의 스승 이마니시 류, 쓰에마쓰 야스카즈 등이 날조한 억단을 추종하고 베껴 한국사(고대 편)에 쓴 게 '다라(多羅) [합천(陜川)]과 사이기(斯二岐) [삼가(三嘉)]이다.'[50]라 주장하면서 왜곡·조작했다.

1959년 이병도가 그의 스승인 일제 식민사학자들이 임나국의 다라(多羅)는 합천(陜川), 임나국의 사이기(斯二岐)는 삼가(三嘉)라고 마구잡이로 비정한 것을 그대로 베껴 한국사 고대 편에 쓴 것이다.

거기에다가 합천군은「합천군지(陜川郡誌)」(1981)를 발간하면서 또, 그대로 베껴서 인용했다. 합천군 연혁(沿革)을 심도 있게 고찰해 보면 일제 식민사학자와 이병도가 합천을 왜(倭)의 식민지로 날조하며 합천을 다라국으로 비정한 억지 주장에 불과하다. 지금은 한참 늦었을지라도 이제는 이것을 청산해야 한다. 『일본서기』에만 나오는 '다라'라는 명칭이 대가야국 강역(疆域)의 합천으로 될 수 없는 반론도 1차 문헌 사료로 밝힌다.

〈자료 2〉 반론 1차 문헌 사료로 『삼국사기』「신라본기」 파사이사금 조.

신라 파사이사금(婆娑尼師今) 29년(108) 5월에 병사를 보내 비지국(比只國), 다벌국(多伐國), 초팔국(草八國)을 복속했다.[51]

---

50) 李丙薰·金載元, 『韓國史』「古代 篇」, 乙酉文化史, 1959, p402~403.
51) 『삼국사기』「신라본기」 파사이사금29 遣兵伐比只國·多伐國·草八國并之.

<자료 3> 정약용(丁若鏞)은 『아방강역고』에서 다벌국(多伐國)과 비지국(比只國)은 초계(草溪)에 가까운 곳이고, 초팔국(草八國)은 지금의 초계(草溪)이다.[52]

이렇게 기록한 1차 문헌 사료를 통해서도 알 수 있듯이 『일본서기』에만 나오는 '다라'라는 명칭을 경상남도에 합천 다라국으로 비정할 수 있는 여지는 조금도 없다고 본다.

<자료 4> 『대동지지』 초계(草溪) <연혁(沿革)>에서 "본래 고대 가야 초팔국(草八國)은 신라 파사왕(婆娑王) 29년(108)에 복속되면서 초팔혜현(草八兮縣)이 설치되었고, 경덕왕(景德王) 16년(757)에 팔계현(八谿縣)으로 바꿔 강양군(江陽郡)의 영현으로 삼았다.[53]

이 기록에서 신라 파사왕(婆娑王) 29년(108)에 초팔국(草八國)을 복속시킨 그 강역에 초팔혜현(草八兮縣)을 설치했다는 기록도 또한 사실적인 고증을 더해 준다. 초팔국(草八國)의 정통성을 지닌 초팔혜현(草八兮縣)은 『삼국사기(三國史記)』와 여러 1차 문헌 사료의 실증 연혁 변천으로도 고증된다.

조선총독부 수사관 스에마쓰 야스카즈(末松保和)는 『삼국사기』와

---

52) 정약용, 『아방강역고』 多伐國【近草溪】・比只國【近草溪】・草八國【今草溪】.
53) 김정호, 『대동지지』 沿革, 本草八國, 新羅婆娑王二十九年取之, 置草八兮縣, 景德王十六年, 改八谿爲, 江陽郡領縣.

여러 1차 문헌 사료에 기록된 정통적인 초팔국(草八國)을 『일본서기』에만 있는 다라국(多羅國)으로 날조하여 고대 '대가야국' 강역사(疆域史)를 침략한 것으로 본다.

〈자료 5〉『삼국사기(三國史記)』 지리(地理) 신라(新羅) 강양군(江陽郡)은 본래 대량주군(大良야耶)으로도 쓴다. (州郡)인데 경덕왕(景德王) 때 이름을 고쳤다. 지금[고려]의 합주(陝州): 신라 강양군(江陽郡, 현 경상남도 합천군 합천읍)의 고려 이후 이름이다.[54]

이 기록에서 고려 현종(1018) 때 12개 속현 가운데서 합천 지역에 속한 현(領縣)은 셋이다. 삼기현(三岐縣)은 본래 삼지현(三支縣)인데 경덕왕(景德王)이 이름을 바꿔 지금 그대로 따르고, 팔계현(八谿縣)은 본래 초팔혜현(草八兮縣)인데 경덕왕(景德王)은 지명을 바꿔 지금 초계현(草谿縣)이다. 의상현(宜桑縣)은 신이현(辛尒縣)인데 경덕왕(景德王)이 지명을 바꿔서 신번현(新繁縣)이다.

신라 경덕왕 16년(757) 대량주군(大良州郡)[대야주군(大耶州郡)]을 강양군(江陽郡)으로 개정하기 이전에 대량주군(大良州郡)[대야주군(大耶州郡)] 강역이 실제로 신라 강역에 복속된 때를 1차 문헌 사료를 찾으면 다음과 같다.

---

54) 『삼국사기』 권 제34 잡지 제3 〉 지리(地理) - 신라(新羅) 〉 강양군.

<자료 6> 『대동지지』 김정호 1866. 합천(陜川) '연혁(沿革)'에서 본래 신라 대야성(大耶城)으로 진흥왕(眞興王) 26년(565)에 대량주(大良州)를 설치했다.[55]

이 기록에 따르면 경덕왕(景德王) 16년(757)에 강양군(江陽郡)을 설치하고 삼기현(三岐縣), 팔계현(八谿縣), 의상현(宜桑縣)을 그 영현에 속하게 했다.

서기 757년 이전에 초팔혜현(草八兮縣)은 합천의 대량주군(大良州郡) [대야주군(大耶州郡)]과는 완전히 독립된 다른 행정 구역이다. 경덕왕 16년(757) 팔계현(八谿縣)으로 개정 전에 신라의 초팔혜현(草八兮縣)은 지금의 합천과는 아무런 관련이 없이 고대 가야 초팔국(草八國)의 정통성을 그대로 전승한 지역이다.

또한 진흥대왕 26년(565)에 합천에 대량주(大良州)를 설치하기 이전부터 이 일대는 초팔국(草八國)을 이은 초팔혜현(草八兮縣)이고 독립된 강역(疆域)이었다는 게 입증된다.

그리고 조선시대 합천군(陜川郡) 땅은 동쪽의 초계군(草溪郡)이 위치한 옛 초팔국(草八國)·초팔혜현(草八兮縣)·팔계현으로 이어지는 강역(疆域)과는 지리적으로도 다름을 의미한다.

즉 시대와 명칭의 변화에도 초계군(草溪郡)의 강역(疆域)은 여전히 초팔국(草八國)의 독립된 범주 안에서 전승해 왔다는 것이다.

---

55) 김정호, 『대동지지』 本新羅大耶城, 眞興王二十六年, 置大良州.

〈자료 7〉 조영제는 기조 강연을 통해 "가야 지역에서 유일하게 남아 있는 다라국성은 그 존재 자체만으로도 엄청나게 중요한 의미가 있기 때문에 한시바삐 국가 사적으로 지정하여 보존·보호되어야 마땅하다. 나아가 체계적이고 지속적인 조사를 실시하여 다라국성의 구조를 밝힐 필요가 있다."고 강조했다.

〈자료 8〉 발굴조사팀 자문위원을 맡은 경상대 사학과 조영제(박물관장)는 "이로써 왕릉(王陵)과 왕성(王城)이 조합된 다라국성(多羅國城)의 경관이 완성됐다."라고 평가하면서 "이번 조사 성과를 바탕으로 다라국성을 포함하는 사적지를 확대하는 등 체계적인 유적 보호 대책과 조사연구 계획이 수립돼야 한다."라고 밝혔다.[56]

경상대 사학과의 조영제는 "다라국을 합천군 쌍책면으로 보는 견해(조영제 1988, 이희준 1995)도 있다."라고 말하면서 다라국성은 가야의 유일한 도성일 뿐 아니라 임나 다라국이 토착한 것을 부인할 수 없다고 말했다.

하지만 그는 1차 문헌 사료로 그 근거를 먼저 제시하지도 않았고, 매사(賣史) 언행을 서슴지 않았다고 생각한다. 그는 국보 1차 문헌 사료인 『삼국사기』 파사이사금 29년(108) 조에 기록된 초팔국 기사는 전혀 인정하려 들지도 않는다.

---

56) 합천 쌍책면 가야시대 유일도성(都城) 최초 확인, 경남신문(knnews.co.kr) 2018.8.26.

오로지 『일본서기』에만 있는 다라를 합천의 '다라국'으로 토착화 시켜 가야국 강역사(疆域史)를 날조한 것으로 여겨진다. 합천읍에서 고령읍 사이의 거리는 직선 기준 약 20km 내외이다. 앞서 밝혀 보았듯이 합천은 대가야국 강역에 속하는 권역이다.

다음은 고대부터 조선시대까지 초계군과 합천군의 강역 변화를 정리한 것이다.

※ 초계군 강역(疆域) 변화는 고대 '가야국'의 초팔국이 → 초팔혜현(신라 파사이사금 26, 108년) → 팔계현(경덕왕 16, 757년) → 초계현(고려 태조 23·천복 5년, 940년) → 초계현을 비롯한 11개 현이 '합주'에 예속(고려 현종 1018년) → 초계군은 충숙왕 3년, 1316년-초계현 출신 변우성과 정수기라는 사람이 왕실에 큰 공을 세웠기에 현에서 군으로 승격이 된다.

※ 합천군 강역(疆域) 변화는 고대 '완산주'가 → 대량(야)주(신라진흥왕 26, 565년) → 강양군(경덕왕 16, 757년) → 합주(고려 현종 1018년) → 합천군(조선 태종 13, 1413년)이 되었고, 북쪽 30리 떨어져 있는 야로현은 본래 신라 적화현(赤化縣)인데 경덕왕 16, 757년에 야로현(冶爐縣)으로 바뀌 영현(領縣)이 되었다가 현종 때 본 군에 속하게 되었다.

그렇기에 1914년 대일항전기에 일제가 행정 구역 통합을 거쳐 초계군과 삼가군을 합천군에 복속시키지 않았다면, 초계군의 가야 초팔국 강역에 있었던 '옥전 고분군'과 '성산토성'은 지리적인 위치가 아주 명확하다. 또한 그곳에 합천 '다라국'이라는 명칭이 수용될 수가 없었다.

2024년 9월 5일 김해 국립가야역사문화센터 개관 기념으로 열린 국제학술 심포지엄 행사장에서 일본 출신의 연구 논문 발표자 카미야 마사히로[57]는 일본 후쿠오카 후나바루 고분의 유물 가운데 '왜(倭)에서 한반도로 유입된 게 과연 있는가?'라는 청중의 질문을 받았다.

하지만 그의 대답은 "그런 일은 절대로 없다."라고 강조해서 답변하였고, 한반도 고대 5세기 말 ~ 6세기 초·중경 (대)가야국에서 제작된 게(합천 옥천 고분군 28호분) 바다를 건너 왜(倭)로 말 투구와 말 갑옷 등 문물이 전파됐다고 거듭해서 확인까지 하며 발표하였다.

비단벌레 장식 실물 모형

비단벌레 장식도 왜(倭)에서는 절대로 만들지 않았다고 단호하게 말하며 거듭 보충 설명자의 발표까지 있었다.

---

57) 카미야 마사히로, 「후쿠오카 현 코가 시 후나바루 고분의 마주·마갑과 비단벌레 장식」 -이연삼 엽문 심엽형행엽에 대하여-, 국립가야문화유산연구소, 2024, p96.

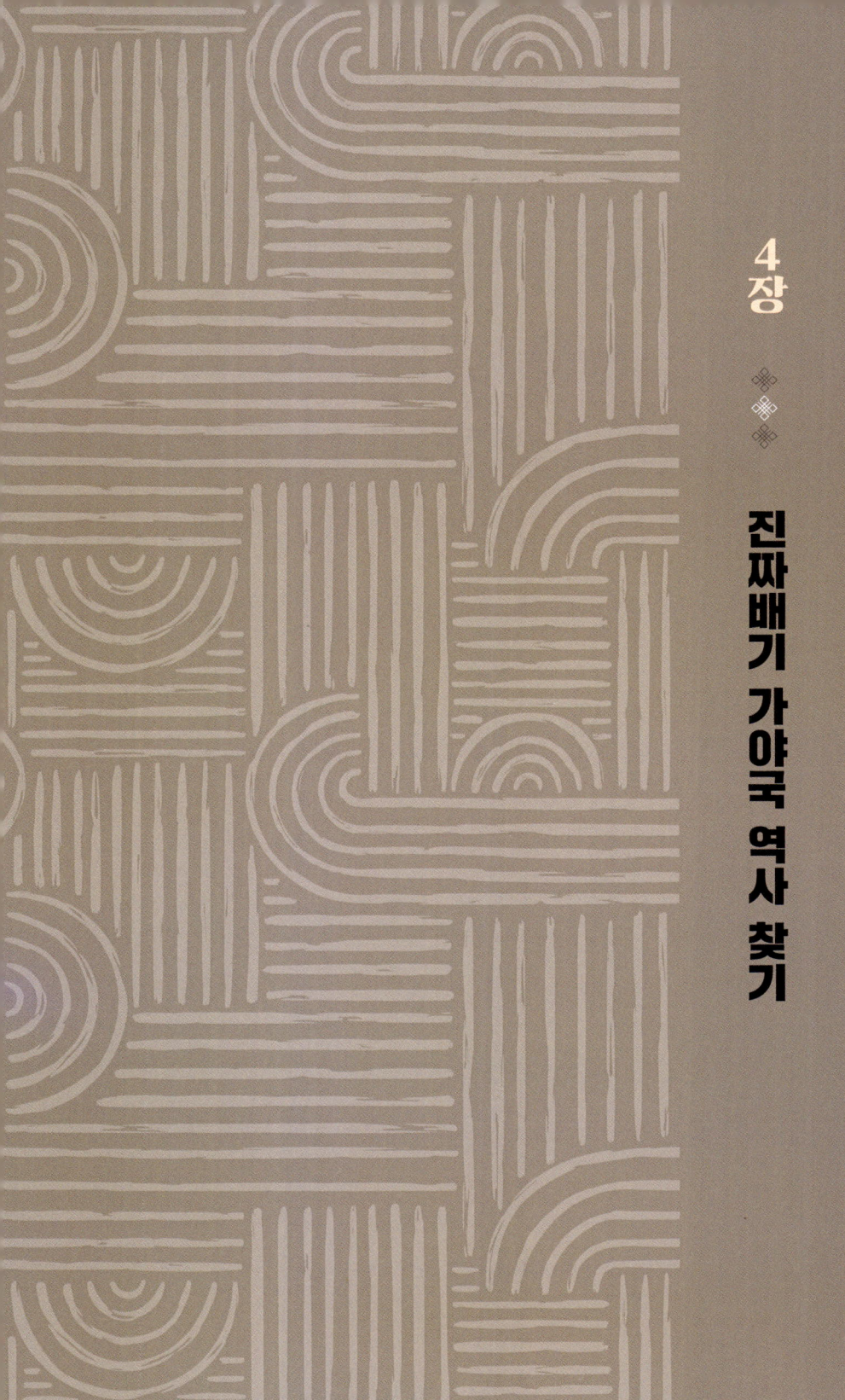

4장

진짜배기 가야국 역사 찾기

1.
가락국, 아라가야, 소가야, 대가야 권역의 고분·유물 이야기

가야국 역사는 문헌 사료보다 유물·유적이 먼저 말을 건네주는 나라이다. 흙과 쇠로 세웠던 문명, 그것이 가야의 참다운 모습이다. 비록 『삼국사기』의 기록에서는 거의 소외되었지만 고분군 속에 남아 있는 철 제품과 토기는 당시 가야국의 기술력이 어느 수준까지 발전했는지를 명확하게 잘 말해 준다.

김해 대성동 고분군에서 발견된 토기와 철검, 철제 투구는 그 당시에 일본보다 훨씬 앞선 철기문화의 진수를 보여준다.

또 함안 말이산 고분군의 거대한 봉분들은 왕릉이라 불릴 만큼 정교한 구조와 크기, 위세를 자랑한다. 그 안에서 출토된 유물들은 "우리 스스로 문명을 가진 위대한 나라였다."라는 사실을 증언이라도 하듯, 시대를 넘어 그 존재를 드러내고 있다.

이것은 고고학적 유물 발견일 뿐만 아니라, 그들의 자주적인 문명에 대한 흔적이기도 하다. 가야국은 남의 문화를 받아들인 나라가 아니라, 그들 스스로가 최고의 토기와 철 제련 기술을 바탕으로 제품을 만들었다. 그리고 한때는 지금의 하북성 영역에 있었던 낙랑군과 가야 왜(倭), 백제 왜(倭) 등 바다를 통한 대외 교역으로 해양 문명을 펼친 강국이었다.

가락국, 김해 대성동 고분군

구지봉, 2001년 사적으로 지정

 '가야국 건국 사화(史話)'가 깃든 구지봉(龜旨峯)과 봉황동유적(鳳凰洞遺蹟) 사이에 표고 22.6m, '애구지'라 불리는 구릉은 길이 약 280m 너비 약 50m에 이르며, 북쪽에서 남동쪽으로 완만하게 뻗은 독립된 구릉이다. 유적 동쪽에 김수로대왕(金首露大王) 릉(陵)이 있고, 서쪽에는 해반천이 북에서 남쪽으로 흐른다.
 가야국의 핵심 고분군으로 '가야국 건국과 발전, 성격, 정치, 사회구조 규명'이라는 절대적 가치를 지닌 유물·유적지이다. 김해 '대성동 고분군'이 지닌 여러 가지 속성 가운데 이른 시기 유형으로 고분군이 형성될 당시 고분군 남쪽은 바다였으나 퇴적물이 쌓였고, 일본 제국주의 침략 후 20세기 초 여러 차례 매립공사를 했다.

해방 후 1970년대에 도시 건설로 대지가 조성되면서 대성동 고분군은 1990년대 도시 개발 과정의 고고학 지표조사에서 발견되었다.

대성동 고분군은 김해 분지 안쪽에 있으면서 서기 전 단군조선국의 고인돌 장묘 문화 습속 때부터 5세기 후반까지 목관묘, 목곽묘, 석곽묘가 순차적으로 축조되었다. 초기에는 평지에 목관묘가 축조되고, 2세기 후반부터는 구릉지 상부로 올라가면서 목곽묘 형태로 확장해 나갔음이 드러났다.

3세기 후반부터 5세기 초는 구릉지 정상부에 매장부 공간이 넓은 대형 목곽묘가, 중·소형 목곽묘는 대형 목곽묘 주위 구릉지에 비스듬하게 축조되었다. 6세기 후반 들어 구릉 남쪽 끝에 축조된 석곽묘를 끝으로 고분 축조는 중단되었다.

'애꾸지'라 부르는 언덕배기에 있는 대성동 고분군

1차 문헌 사료인 『삼국사기』 「신라본기」에 가야국은 10대 구형왕 때인 532년(신라 법흥왕 19년) 신라에 멸망한 후, 김해 지역은 신라

에 복속되었다.[58]

대형 목곽묘와 석곽묘에 부장된 가야국 토기는 굽다리접시, 통형 그릇받침, 항아리로 구성되며 공통적인 장례 풍습을 보여준다. 지나(支那·CHINA)에서 들어온 청동 거울과 용무늬 허리띠, 북방에서 들어온 청동 솥과 '왜(倭)'에서 들어온 청동제 의기 등 교역품은 가야국을 중심으로 '지나 -가야국- 왜(倭) 열도'로 이어지는 동북아시아의 국제교역 체계에서 가야국의 주도적인 역할을 보여준다.

다음은 경성대 박물관의 발굴 조사를 요약한 것이다.

[경성대 박물관·대성동 박물관 1990년~2001년 발굴조사][59]

구분	발굴 기간	발굴 성과 및 주요 출토 유물	발굴 기관
1차	'90.06.12~'90.08.01	가야국 왕들 무덤 2기 최초 확인.	경성대학교 박물관
2차	'90.09.03~'91.04.14	왕묘 추가 발견, 동복과 통형 동기, 파형 동기 출토.	
3차	'91.10.18~'92.03.08	3세기 초 왕묘 1기와 하위 계층의 무덤군 확인.	
4차	'01.04.30~'01.09.23	57호에서 순장자 3인 및 다수의 목관묘 확인.	
5차	'09.10.12~'09.12.03	국내 출토품 중 가장 빠른 말안장 확인.	대성동 고분박물관
6차	'11.07.29~'11.10.14	가야국 쇠퇴기의 왕 무덤 1기 확인.	
7차	'12.06.04~'12.09.26	신라·가야국 유적 중 가장 빠른 시기의 금동제 말갖춤·허리띠와 서역 계통 유리 확인.	
8차	'13.06.24~'13.09.13	4세기 대형 목곽묘, 금동 제품 추가 발굴.	
9차	'14.06.23~'14.09.19	단군조선국(청동기시대) 지석묘가 대성동 고분군 내 최초 발굴.	
10차	'19.12.09~'20.8.28	대성동 고분군에 도굴되지 않은 108호 목곽묘 최초 발굴.	

경성대학교 박물관 발굴조사(제1차 ~ 4차) 제1차는 남쪽 최정상

---

58) 『삼국사기』「신라본기」신라 법흥왕 19년
59) https://www.gimhae.go.kr/06040/06063/06638.web 2024.

부 구릉지 1호와 2호로 명명한 2기로 된 대형 목곽묘를 조사했는데, 그 속에서 통형 그릇받침(筒形銅器), 수많은 철기류와 토기류 등 가야국 통치자들의 많은 부장품을 발굴하는 성과를 얻었다.

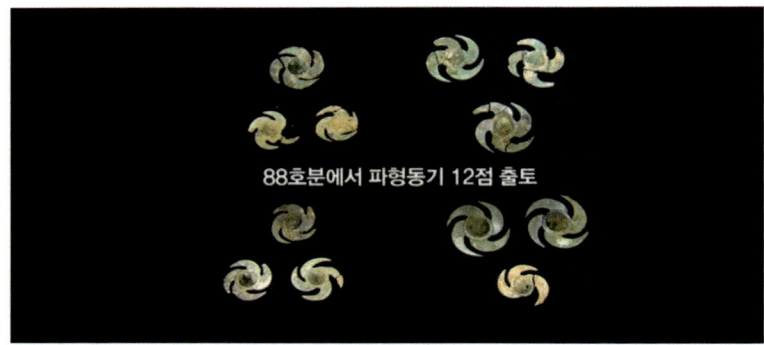

김해 대성동 88호분에서 발굴된 파형 동기

제2차 조사는 구릉 정상부의 1호 목곽묘 동쪽 일부와 구릉 중앙부, 구릉 선단부 등 4개 구역으로 나누어 조사하였다.

4세기에 조성된 대형 덧널무덤인 대성동 88호 고분에서는 지금까지 왜(倭) 계통 부장품으로 상징되며, 규슈와 긴키 지역 왜(倭)의 유물로 추정되었던 파형 동기가 한꺼번에 12점이나 발굴되어 왜(倭) 무덤의 최대 발굴인 10점보다도 더 많았다.[60]

이는 김해 지역의 가야국 세력이 일본 열도로 집단 이주했으며,

---

60) https://www.knnews.co.kr/news/articleView.php?idxno=1043251

이후에도 양 지역을 오갔음을 시사한다.

또 13호분에서는 파형 동기 원형이라고 말할 수 있는 부장품이 발굴되었는데, 이는 일본에서 출토된 유물보다도 제작 시기가 100여 년이나 앞섰다.

갑옷도 일본에서 발굴된 것과 모양은 흡사하지만, 함께 발굴된 토기와 판갑옷과 투구에 대한 방사성동위원소의 탄소연대 측정 결과로 볼 때 제작 연대가 150여 년이 앞섰다. 그리하여 기존까지는 그것이 일본에서 전수됐다는 일본 극우와 한국 역사 매국 사학 측의 주장을 완전히 뒤엎는 유물로도 판명됐다.

또 13호분에서 함께 출토된 금동제 허리띠는 가장 이른 시기에 제작된 유물로, 한반도 남부에서 발굴되는 용무늬 허리띠가 왜(倭)

에서 발굴된 것보다도 150여 년이나 앞선다고 한다. 이러한 장식품은 가야국의 문물과 문화가 동시에 바다를 건너 왜(倭)로 전파됐음을 입증(立證)하였고, 북방 계통 유물인 청동 솥(동복)이 조사된 29호분 등 총 37기의 무덤도 조사가 되었다.

이는 가야국에는 북방계 요소가 존재했음을 말해 주는 것으로도 주목된다. 특히 앞 시기 무덤을 후대의 무덤이 파괴하며 만든 무덤 간의 중복 현상도 확인하였다. 갑옷도 일본에서 발굴된 것과 모양은 흡사하지만, 함께 발굴된 토기와 판갑옷과 투구에 방사성 동위원소의 탄소연대 측정 결과로 볼 때 제작 연대가 150여 년이 앞서면서 일본에서 전수되었다는 일본 극우와 한국 역사 매국사학 측의 주장을 완전히 뒤엎는 유물로도 판명이 됐다.

또 13호분에서 함께 출토된 금동제 허리띠는 가장 이른 시기에 제작된 유물로, 한반도 남부에서 발굴되는 용무늬 허리띠가 왜(倭)에서 발굴된 것보다도 150여 년이나 앞선다고 한다.

이 장식품은 가야국 문물과 문화가 바다 건너 왜(倭)로 전파됐다는 것을 입증(立證)하였고, 북방 계통 유물인 청동 솥(동복)이 조사된 29호분 등 총 37기의 무덤이 조사되었다.

이는 가야에 북방계 요소가 존재했음을 말해주는 것으로도 주목된다. 특히 앞 시기 무덤을 후대의 무덤이 파괴하며 만든 무덤 간의 중복 현상도 확인하였다.

식민사관 청산 창원연대 대성동고분군 현장 탐방(2022.08.06.)

　대성동 고분군은 단군조선의 고인돌(지석묘)과 초기 철기시대 옹관묘, 목관묘, 목곽묘, 석곽묘, 수혈식 석곽묘 등 목관묘는 주로 구릉 주변 낮은 지역과 평지에 조성되었고, 목곽묘, 수혈식 석곽묘와 같은 대형 무덤은 입지 조건이 좋은 구릉 능선부에 입지하였다.
　발굴 조사 결과로 '애구지' 대성동 고분군은 가야국 지배 계층 묘역과 피지배층 묘역이 별도 조성되었음이 밝혀져 실체를 파악하는 데 중요한 유물·유적이다.

아라가야, 함안 말이산 고분군

　'아라가야' 함안 말이산 고분군 유적은 경상남도 함안군에서 특이하게도 남고북저형 지형인 가야읍 도항리와 말산리에 있다. 1964

년 행정 구역을 기준으로 도항리 고분군과 말산리 고분군으로 관리해 오다 2011년 7월 28일 사적으로 통합되어 재지정 되었다.

함안 말이산 고분군 고분 분포도

함안 말이산 고분군은 함안군에서 고분 번호를 부여 관리하는 봉토분이 총 37기로, 가장 북쪽 1호분부터 남쪽으로 진행하면서 주 능선-가지 능선 순으로 일련번호가 부여되어 있는데, 가장 남쪽에 있는 봉토분은 37호분이다. 1,000여 기 이상의 '아라가야' 고분군이 조성되었다고 추정하고 있다.

말이산 봉토분은 서기 전·후부터 조성되었지만 아라가야 전성기인 5세기 후반 ~ 6세기 초에 집중적으로 조성된 형태로, 분포는 남-북으로 이어진 주 능선과 서쪽으로 완만하게 이어지는 가지 능선 한가운데는 대형 봉토분이 있고, 비스듬한 면에 중·소형의 고분이 있다.

말이산 북쪽 일대에는 아라가야 이전에 조성된 초기 목관묘와 목곽묘가 밀집 분포하고 있다. 말이산 고분군은 기원 전·후 시기부터 '아시량국'[61] 건국과 멸망 때까지 최소 약 495년(AD42~537)간 고분들이 누대에 걸쳐 조성되어 만들어진 것으로 보인다.

식민사관 청산 창원연대 대성동 고분군 현장 탐방(2022.10.01.)

함안 말이산 고분군에서는 토기 2,010점, 철기 2,479점, 장신구 3,381점, 기타 91점 등 총 7,961점의 다종다양한 유물들이 출토되었다.

아라가야가 독자적으로 형성, 발전시켰던 눈부신 문화와 고대 가야국 남부 일원으로 주변 국가와 교류, 갈등, 정복 관계 형상을 잘 반영하고 있어 학술적으로도 중요한 의미를 지닌다.

말이산 고분군에서 출토되는 토기는 주로 통 모양 굽다리접시와

---

61) 『삼국사기』「지리지 함안군」조는 법흥왕 때 아시량국(阿尸良國)을 멸망시키고 군으로 삼았다고 기록하고 있다.

불꽃무늬 굽다리접시, 손잡이잔, 문양이 있는 뚜껑, 각종 항아리와 그릇받침 등으로 4~5세기 아라가야 양식을 대표하는 토기들이다.

수준 높은 철기들도 출토되었는데 둥근 고리자루 큰 칼(環頭大刀)을 비롯한 쇠 창, 화살촉 등 무기류와 투구, 판갑옷, 비늘갑옷 등의 무구(武具), 8호분에서 발굴된 말 투구와 말 갑옷을 비롯한 재갈, 안장 등 말갖춤, 새 모양 장식을 붙여 만든 미늘쇠 등이다.

특히 대형 봉분에만 부장되는 덩이쇠는 풍부한 철을 바탕으로 고대 아라가야의 참모습을 보여주고 있다.

말이산 고분군 봉분 벌초 장면(2023.04.20.)

또 각종 말띠드리개나 말띠꾸미개 등은 금과 은을 활용한 장식 요소가 가미된 지배층들의 화려한 문화와 아라가야를 상징하는 '불꽃무늬 토기'가 있어 우수한 철 생산 왕국으로 대외적인 문화 교류가 활발했음을 엿볼 수 있다. 말이산의 제3~4가지 능선 일대에 함안박물관이 있어 아라가야의 역사와 문화를 알리는 공간을 통해 말이산 고분군의 가치를 더욱 높이고 있다. 말이산 고분군은 구릉지 능선을 따라 조성된 대형 봉토분으로 인해 고분군은 신성한 공간으로 인식이 되어 왔다.

말이산 4호분은 대일항전기, 1917년 10월 14일부터 10월 26일까지 약 12일간 발굴 조사가 진행되었다. 교토 제국대학·경성제국대학(서울대 전신) 교수였던 이마니시 류(今西龍)와 구로이타 가쓰미 등 일제 식민학자들이 관 주도로 발굴했는데, 모든 여느 고분군처럼 발굴을 빙자한 도굴로 파헤치는 형태였다.

말이산 45호분에서 발굴된 5점(국가 보물)

고분의 발굴 조사 목적도 일제의 식민 통치와 관련하여 고대 왜(倭)가 가야국을 200년간 식민지로 통치했다는 '한반도임나설(가야국=임나)·임나일본부설'을 고고학적 유물로써 증명해 내고자 애를 썼지만, 한반도 임나설을 입증할 만한 물증은 한 개도 발굴하지 못했다.

완전히 다 파헤쳐 도굴하다시피 한 합법을 가장한 발굴에서는 오히려 불꽃무늬 토기, 수레바퀴 토기를 비롯한 13호분의 별자리가 있는 덮개돌이 나와 가장 수준 높은 아라가야의 유물·유적임이 판명되었다.

5~6세기에 주로 조성된 말이산 고분군 봉토분은 구릉지 능선과 비스듬한 곳을 따라 127기가 조성되었는데, 5세기부터 축조되는 석곽묘가 가늘고 긴 가야국 형식의 석곽묘 특징을 잘 보여준다.

석곽묘에는 한가운데에 피장자 시신이 안치되고, 머리 위쪽에는 다량(多量)으로 토기가 부장되며, 발아래 쪽에는 순장자가 배치되었다. 이는 아라가야의 석곽묘로 전형적인 공간 분할 방식이다.

특히 아라가야 토기는 굽다리접시·그릇받침·항아리와 같은 가야국 토기 구성이 확인되며, 불꽃 모양으로 대표되는 독특한 문양이 나타난다. 최근에 말이산 45호분에서 국가 보물[62]로 지정된 집 모양, 등잔 모양, 사슴 모양 뿔잔, 배 모형 토기 등 다양한 형상을

---

62) www.gnmaeil.com, 경남매일, 2022.10.26.

함안 말이산 75호분에서 발굴된 연꽃무늬 청자 그릇

본떠 만든 상형 토기도 출토되었다.

유물·유적으로 판단컨대 아라가야는 물길을 기반으로 교역한 연꽃무늬 청자 그릇 발굴을 통해 5세기 중원의 남조(송·제·양·진)와 백제국, 백제 왜(倭) 등 주변 국가와 낙동강 유역에서 가야국 전 시기 동안 세력을 유지하였다.

소가야, 고성 송학동 고분군

고성 '송학동 고분군' 유적은 경남 고성군 송학동에서 5~6세기 조성된 '소가야'의 대표 고분군이다. 그 당시에 최고 권력자들 무덤으로 추정된 7기 소가야 무덤들로, 그 축조 방법은 수혈식 석실분 형태 구조이다.

4장 진짜배기 가야국 역사 찾기   117

서기 400년을 중심으로 앞·뒤 50년간 축조 범위를 넘지는 아니하고 가장 높은 곳에 '전방후원분(前方後圓墳)'[63] 형태 봉분으로 뜨거운 논란이 된 1호 무덤이 있고(3개 봉분인 것으로 판명됨), 점차 밑으로 내려가면서 나머지 6기의 무덤들이 자리 잡고 있다. 북쪽으로 300m 거리에 기원리 고분군이 있고, 동쪽으로 300~400m 거리에는 송학동 조개더미가 있다.

고성 송학동 고분군을 마산YMCA에서 탐방 학습.

소가야 중심인 고성 분지에 고분군이 조성되어 바닷길을 통해 지배층이 백제국과 가야 왜(倭), 백제 왜(倭) 등 소가야가 주도적이

---

63) 전방후원분은 앞은 사각형의 방형이고, 뒤는 둥근 원형인 무덤으로 일본 열도에 주로 분포하기에 그동안 일본 고유의 고분으로 인식돼 왔다. 고대 왜(倭) 열도에서는 주로 3세기 후반부터 7세기 초까지 축조되었는데, 최근 북한의 자강도에서 서기 전 전방후원분 원형의 적석 유적이 확인된 것을 비롯해 남한에서도 3세기 이전의 전방후원분이 확인되고, 그 원형인 주구묘가 조성된 것이 확인되면서 전방후원분 역시 고대 한국인이 왜(倭) 열도로 건너가서 축조한 것으로 새롭게 드러나는 게 대세이다.

면서 자율적으로 교섭했던 특성을 잘 보여준다.

전체 봉토분 숫자는 적지만 각 봉토 안에 1기 단독 또는 여러 기 석곽이 연속적으로 축조된 모습은 고분을 군집하여 조성한 소가야 특성을 보인다. 또한 낮은 구릉지에 높은 봉토를 우선해서 쌓은 다음 그 상부를 굴착해서 매장 부를 조성하는 방식으로 고분을 완성했다. 축조 방식은 소가야와 인접한 백제국과 유사하지만, 구릉지가 발달하지 않은 지형 조건에서 터를 높게 쌓아 올려 봉토 크기와 높이 측면에서 가시성(可視性)을 높이고자 한 것으로 생각된다.

부장품으로 소가야 토기뿐만 아니라 대가야국, 백제국, 신라국, 가야 왜(倭), 백제 왜(倭) 등과의 교류 속에서 토기와 마구 등 다양한 교역품이 출토되었다. 한편 삼각형으로 뚫린 굽다리 접시를 대표 기종으로 소가야 토기는 다른 주변국뿐만 아니라, 백제국과 백제 왜(倭) 등으로 교역 창구로서 역할까지 볼 수 있다.

대가야국, 고령 지산동 고분군

대가야국 고령 지산동 고분군 유적은 경북 고령군 대가야읍 지산리에 위치하여 520년 동안(AD42~562) 번영을 누렸던 대가야국 유적지를 말한다. 대가야국 고령 지산동 고분군은 가시성(可視性)이 아주 뛰어난 높은 구릉지 위에 밀집해 있어 장관을 이루고 있다.

주변 경관이 아주 뛰어난 고령 지산동 고분군에서 엄지척.

　주로 대가야의 전성기인 5세기부터 6세기 중반까지 석곽묘, 석실묘가 순차적으로 축조되어 있는데, 북쪽 정상부에서 남쪽 끝자락까지 704기 봉토분이 분포해 있다.
　대일항전기에 일제 사학자들이 지산동 고분군도 역시 가야국의 여느 고분군과 마찬가지로 마구잡이로 '도굴'하듯이 발굴하여 임나일본부의 흔적을 찾으려고 온갖 애를 썼지만, 단 하나도 실증하지는 못했다.
　대형 고분은 능선을 따라 분포하고 있는데 중·소형 고분은 비스듬한 곳에 분포해 있어 대가야국 통치자들의 계층 분화 양상도 나타내고 있다.
　또 가장자리에는 돌을 쌓아 원형으로 평면을 만들고 그 안에 주곽, 부 곽, 순장 곽을 구분 축조하는 가야국 형태의 석곽묘 중에서 가장 발달 된 유형인 것으로 확인되어 진다.

특히 5세기 후반에 축조된 44호분의 직경은 27m인 대형 봉토분으로 한가운데에 주곽이 있고, 가장자리에는 2기의 부곽과 32기의 순장 곽을 배치하여 최고 전성기 대가야국의 장의 문화를 보여준다.

5세기 대가야국 토기는 물결 문양 장식 목 긴 항아리, 뱀 모양 장식이 붙은 그릇받침이 특징이다.

교육 희망 경남학부모회에서 가야사 바로 알기 지산동 고분군 탐방.

대가야국이 주변국과도 활발하게 교역했음을 말해주는 유물이 출토되었다. 지산동 44호분에서 3점이나 출토된 청동 그릇이 백제국에서 들어왔으며, 73호분에서 출토된 새 날개 모양의 관 장식은 신라국, 44호분에서 출토된 오키나와 원산인 야광 조개 국자는 백제의 제후국인 왜(倭)[64]에서 들어온 것으로 보인다.

---

64) 중국의 『남제서』 「백제열전」은 백제가 황제국으로서 왕과 제후로 거느렸음을 말해준다. 곧 490년(동성왕 9년) 기록은 '면중왕 저근을 도한왕에, 팔중후 여고를 아착왕에, 근위장군 여력을 매노왕에, 광무장군 여고를 불사후로' 임명했다는 기록이다.

2. 부산 복천동 고분군과 고령가야·성산가야, 남겨진 과제

복천동 고분군

부산광역시 동래구 복천동 고분군

　부산 동래 복천동 일대의 구릉 위에 있는 가야국 무덤들이다. 여러 차례에 걸친 발굴 조사로 40여 기의 무덤이 확인되었으나, 대부분 무덤은 아직도 땅 밑에 남아 있다.

　무덤의 형태는 땅을 파서 넓은 방을 만들고 나무관을 넣은 덧널무덤(토광 목곽묘), 땅속에 네모난 돌로 벽을 쌓고 천장을 덮어 만든 구덩이식 돌방무덤(수혈식 석실묘), 땅속에 시체를 바로 묻는 널무덤을 비롯해 여러 가지 형식의 무덤들이 있다. 이 무덤들에는 도굴되지 않은 큰 무덤이 많아 2,000여 점 이상의 다양한 유물이 출토되었다.

　그리고 굽다리접시, 목항아리, 등잔 토기를 비롯한 토기류는 4~5세기 낙동강 하류 지역의 특징적인 토기들이다. 철제 갑옷·투구류도 다양하게 출토되었다. 특히 4호 무덤에서 나온 철제 단갑은 우리나라에서 처음 발견된 갑옷이다.

　11호에서 출토된 괘갑은 부속 장식까지 완전하게 갖춘 상태로 발견되었는데, 이런 완제품은 우리나라에서 처음 발견되는 것이다.

또한 10호 무덤에서 발견된 말갖춤(마구)은 완전히 갖추어진 실전용으로는 처음 발견되었다. 이러한 갑옷·투구류는 고구려 고분 벽화에 그려져 있는 것과 같다. 복천동 무덤에서 보이는 새로운 무덤 양식은 무덤의 변천과 흐름 연구에 중요한 실마리를 제공해 주고 있다.

무덤 양식 22호분, 22호분에서 출토된 청동 칠두령

이처럼 복천동 고분군은 낙동강 하류 지역의 고분 변화와 가야국과 신라국의 관계를 연구하는 데 매우 중요한 자료이다. 초기에는 덧널무덤이 많았고, 5세기 중반부터는 덧널 대신 구덩식 돌방무덤과 돌덧널무덤이 등장하면서 전통 묘제와 신식 묘제가 혼재된다.

유물과 문화적 의미의 철제 갑옷·투구 등이 다량 출토됨으로써 군사력과 정치권력과의 관계를 보여주며, 토기의 경우 경주지역 토기 영향이 확인되는 등 다양한 교류 양상도 드러난다.

하지만 복천동 고분군은 위와 같은 뛰어난 가치를 가지고 있지만, 다음과 같은 과제들이 남아 있다. 유적이 주로 '무덤군'이라는 점에서 이 고분군을 조영한 집단(세력)의 생활 거주지가 아직 명확히 드러나지 않고 있다. 복천동 고분군 주변에서 패총 등이 보고되긴 했으나 직접적인 생활지·정착지 발굴이 부족하다. 생활 유적과 결합하여 고분군을 조영한 집단의 정체성·조직 구조를 보다 명확히 규명해야 할 것이다.

현재 확인된 고분 외에 매몰되어 있거나 조사되지 않은 무덤이 많을 것으로 추정되나, 전체 분포와 구조가 완전히 밝혀진 것은 아니다. 이는 정확한 인구·세력 규모 추정에는 장애가 된다.

복천동 고분군은 묘제 변화가 나타나는 중요한 사례이지만, 각각 무덤들의 정확한 시기 구분·형식 변화 분석이 더 필요하다. 특히 4세기 초기부터 7세기 초까지 이어지는 흐름을 더 세밀하게 추적해야 한다. 가야국 권역과 신라국 권역과의 상관관계 분석이 아직은 미흡하다.

유물 양상(예: 경주 토기 영향)이나 무덤 양식 변화 등을 통해 가야국과 신라국 두 국가 간의 상호 작용과 구체적 경로·메커니즘 등의 연구가 아직도 충분치는 않다. 또한 고분군이 택지 개발과 도시화 압력을 받고 있다는 문제가 제기되어 왔는데, 재개발 사업이 고분군 인근에서 진행된 바도 있다. 유적 보존과 도시 개발 간의 균형, 체계적인 활용(전시, 교육, 관광) 방안 등이 함께 모색되고, 아울러 유네스코 세계유산 등재도 시도해야 하는 게 남은 과제로 보인다.

상주 함창·문경 지역 고녕가야

우리나라 민중들에게 '고녕(古寧)가야'에 관해 물어보면 아주 많이 헷갈린다는 반응이 나온다. 고녕가야는 지금의 상주·함창·문경 지역에 있었던 가야국 가운데 하나인데, 고령(高靈)의 '대가야'와 구분이 쉽지 않기 때문이다. 그런데 고녕가야가 사라지다시피 한 게 고령의 대가야와 발음이 비슷하기 때문만은 아니다.

일본인 식민사학자들이 의도적이고 악의적으로 고녕가야를 지운 것이 지금껏 유지되어 왔기 때문이다. 『삼국유사』「가락국기」와 『삼국사기』「김유신 열전」에 나오는 가야국은 서기 42년에 건국됐다. 또한 『삼국유사』 5가야 조에는 가락국과 5가야의 위치가 정확하게 서술된 기록이 나온다.

금관은 김해이고, 고녕가야는 고려시대의 함녕(咸寧)으로 지금의 상주·함창·문경 지역이다. 그 외에 아라가야는 함안, 대가야는 고령, 성산가야는 성주, 소가야는 고성이라 서술하고 있다.

필자가 가야국의 강역사를 공부하면서 알게 된 사실은 한국의 역사 매국사학은 『삼국유사』와 『삼국사기』에 나오는 가야국의 대외 관계 기록을 완전히 부정하고 있다는 것이다. 그러면서도 『일본서기』의 '한반도 임나설(가야국=임나)·임나일본부설'에만 나오는 임나를 '가야'라 우긴다는 사실도 확인하고서는 깜짝 놀랐다.

자료를 찾고 분석 연구해 보니, 그것은 그들의 스승인 일본인 식민사학자들을 추종해서 가야 건국이 서기 3세기 말이라고 우기면서 역사 매국사학은 왜(倭)가 4~6세기 동안 한반도 남부 지역에 임나일본부를 설치해 통치했다고 주장했다.

또 그들은 이를 '임나 또는 가야'라고 불렀다는 주장을 해방 후에도 지금까지 계속해 왔다. 그렇게 주장해 왔기 때문에 일본이 대한제국을 강제 병합해 놓고도 그것은 침략이 아니라, 고토 회복이라 한다는 것이다.

상주 함창 지역의 고녕가야는 서기 42년에 태조 고로왕이 건국해서 2대 마종왕을 거치고 3대 이현왕에 이르러서 서기 254년, 신라국에 멸망 당했다. 이 시기는 일본인들이 억단하고 강변으로 주장해 온 가야 건국 시기 이전에 이미 멸망했다는 것이다. 또 고녕가야는 시기뿐만 아니라, 그들이 주장해 온 위치에서 한반도 남부 지역이 아니고 낙동강 중상류 지점에 존재했었다.

이에 당황한 일제 식민사학자들은 상주·함창 고녕가야는 가야산과 멀리 떨어져 있다는 이유로 가야국 강역사에서도 제외하여 삭제했다. 그러면서 이병도는 엉뚱하게도 1차 문헌 사료나 유물·유적 근거라고는 하나도 없는 진주 지역을 '고령가야'라고 칭하고 위치조차도 바꿔서 비정했다.

그 후 역사 매국 사학에서는 이런 허구가 내용을 가지고 학계의 정설이니, 학계의 통설이니 하면서 줄기차게 내세워서 왜곡·날조된 가야국 강역사가 지금까지도 전승되어 오고 있다.

그뿐만 아니라, 일제 식민사학자는 가야국 강역사의 근거지인 낙동강을 따라 연속되는 문화와 역사를 두고 정체가 모호하다면서 인정하지 않았다.

그런 폐습까지도 해방 후 이병도로 인해 지금껏 계속돼 오고 있다. 일례로 경북 선산에서부터 상주, 함창, 예천, 안동에 이르기까지 낙동강 주변에는 가야국의 고분군 형식인 '산정 수혈식' 무덤들 수천 기가 파괴된 채로 방치되고 있는 상태다.

또 오랜 세월 동안 고녕가야 고분군은 도굴 방식을 배우고 현장 실습을 하는 학습장이 되다시피 해왔다는 이야기까지 들리니 참으로 안타깝기가 그지없다.

이런 가야국 강역사를 완전히 부정하는 왜곡·날조에 분개한 필자를 비롯한 상주·함창·문경 지역의 뜻있는 사람들이 만든 '상주·함창·문경 고녕가야선양회'와 지속적 교류를 했다. 지난 2023년 10월 28일 오후에 상주시 함창역 광장에서는 '제5회 상주·함창 고녕가야 역사 복원 국민대회'를 열었다.

그들은 그날, 없는 살림에도 불구하고 십시일반 자기 돈 들여가며 1박 2일로 전국 시민 역사학자와 역사광복군들이 모여 다양한 연구 방향성을 발표하고 토론회를 열었다.

이튿날은 상주·함창·문경 지역 고녕가야 역사 복원을 기원하며 고녕가야선양회원들이 함께한 함창역 고녕가야 역사 복원 운동을 전개하였다.

또 전국 역사 시민사회 단체 대표들은 머리 뫼 돌에 올라가 1769년 만에 천지신명께 고천제를 올려 역사 복원 운동을 다짐한 후에 읍내 시가행진에서는 주민들의 박수 소리가 끊임이 없었다는 것도 느꼈다.

역사 매국 사학이 그 흔적조차도 말살시켜 반드시 없애야만 했던 경북 상주·함창의 고녕가야가 되살아나는 듯 실감했다.

고녕가야 역사 복원이 바로 되면, 상주·함창·문경 지역 강역사가 바로 서고, 경북 고녕가야 역사가 문화 활력으로 복원된다. 그러면 대한민국 역사도 새롭게 정립된다고 크게 외쳤다. 우리는 뜨거운 가슴마다 포효를 품고 그렇게 고녕가야 복원의 당위성을 설파해 나갔다.

오래전 임진왜란이 일어났던 1592년, 함창의 고녕가야 왕릉 주변에서 '고녕국태조가야왕릉(古寧國太祖伽倻王陵)'이라는 묘비가 발견됐고, 숙종 38년(1712) 왕명으로 '묘비와 석물'이 다시 세워졌다는 금석문이다.

『삼국사기』 지리지에서 고녕군을 '고릉(古陵) 현'이라고 부른 것이 바로 태조 가야왕릉 묘비 때문임을 알 수가 있다. 또 그 곁에는 왕비의 릉도 있다. 신라는 254년 고녕가야를 멸망시킨 후 고녕가야의 호족들 80여 가를 현재의 영해 지역에 괴시마을을 일컫는 옛 지명인 '사도성'으로 강제 이주시켰다고 한다.

그때 끌려간 함창 김씨 후예들 중 한 사람이 고려 말에 대찬성 벼슬을 지낸 '김 택'이라는 사람이고, 그의 후손으로 지금 함창 김씨 씨족은 전국적으로 3만 5천 명에 달한다고 한다.

현재 함창 주변에는 무려 2천여 기의 고분들 대부분이 방치된 채 도굴의 장이 되어 신음하고 있다. 그뿐만 아니라 공갈못, 남산고성, 성혈석, 가야진, 머리뫼돌 등 무수한 가야국의 유적과 유물들이 나뒹굴 듯이 전해 내려온다.

이제는 고녕가야 강역사 복원이 단순한 지역사 회복 차원의 문제가 아니다. 일제가 우리 민족을 영구 지배하고 그 유물·유적의 흔적조차도 없애기 위해 왜곡·조작한 고대 고녕가야 역사를 복원하는 것이야말로 최고의 대한민국 역사 공정의 초석이 되는 것이다.

상주·함창 고녕가야 강역사가 바로 서게 되면, 한국 고대사의 전반적인 수정이 불가피하게 된다. 일제의 조선사편수회를 계승한 역사 매국사학의 입장에서는 참 난처한 일이겠지만, 대한민국 바른 역사 정립과 지속적인 역사 발전을 이루고 우리들의 정체성 확립을 위해서는 더는 미룰 수도 없거니와 또한 유네스코 세계유산으로 등재 신청을 해야 하는 큰 과제이다.[65]

---

65) 매일신문 2023.11.10. [기고] 고녕(古寧)가야, 왜 복원해야 하나. 지정 스님.

고녕가야 태조 고로왕릉과 성혈이 있는 고인돌 위에 앉은 문경 봉천사 주지 지정 스님

성주 성산가야

2015년 촬영된 경북 성주 성산동 고분군 전경(국가유산청)

위 사진 속의 고분은 경상북도 성주군 성산 일대에 있는 가야국 지배층의 무덤들이다. 성산의 정상에는 성산산성이 있고, 주변에 70여 기의 가야 시대 무덤들이 분포하고 있다. 1호 무덤은 높이 3.6m, 지름 13.6m로 내부 구조는 앞트기식 돌방무덤으로 보인다. 돌방에서 은제 관장식과 고리자루큰칼, 각종 토기류가 발견되었

다. 2호 무덤은 구덩식 돌방무덤으로 창·도끼·손칼을 비롯하여 많은 수의 토기가 발견되었다.

58호 무덤 굴 방에서는 금제 굵은 고리 귀고리, 은제 팔찌, 금동제 말 장식이 발견되었다. 각 무덤에서 발견되는 굽다리접시의 굽에 생긴 구멍이나 1호 무덤에서 출토된 관장식이 경주 지역의 유물과 유사성을 보인다. 또한 58호 무덤의 유물은 전형적인 신라 제품으로 5~6세기경 성산가야 지배층의 무덤으로 추정된다.

이러한 유물들은 성산가야가 신라와 밀접한 관계에 있었고, 당시 신라국과는 적대 관계였던 인접한 대가야국과는 문화적으로 교류가 없었음을 보여주는 중요한 자료라 할 수 있다.

해당 지역에서 출토된 고분 유물은 신라계 특징이 강해 '가야'라는 직접 증거로 받아들이기에는 부족하다는 평가도 있다. 유물 양상이나 묘제 등이 가야보다는 신라 양식으로 고고학자에게 평가되는 경우가 많다. 따라서 성산가야는 '기록상에 존재하나 실체가 확증이 안 되는 가야 소국'으로 인식되고 있으며, 최근에 '일찍이 신라 편입 혹은 신라 세력이 지배했던 가야 소국' 가능성도 제시되고 있다. 묘제 변화나 유물 양식 분석을 통해 '가야계' 여부를 입증할 수 있는 더 면밀한 규명이 필요하다.

가야국 고분군에 대한 정밀 지표·발굴 조사를 확대하고, 연대·매장 주체·부장품 등에 대한 과학적 분석(탄소연대 측정, X-선 분석 등)을 도입해야 한다. 가야권 유적 간의 비교 연구를 통하여 동일 시기의 인접 권역 간 교류와 위계 관계를 규명할 필요가 있다.

성주 성산동 고분군과 고분 전시관의 토기 유물

예컨대 성산동 고분군과 가락국·신라국 권역 무덤 양식의 비교이다. 유물과 발굴 자료에 대한 디지털 아카이브 구축을 통해 학계·일반인·지역 사회가 접근할 수 있도록 해야 한다.

지역 사회의 역사·문화 관광 콘텐츠화도 도모하고 유적·유물을 단순히 보여주는 장소가 아니라, 체험·교육이 가능한 장소로 발전시켜야 한다.

유적 보존과 개발은 반드시 균형적 접근이 필요하며, 도시 개발 압력이나 관광객 과다 유입으로 인한 훼손을 방지하는 관리 체계 채비가 중요하다.

마지막으로 우리나라 고대 역사의 다원성과 다양성을 강조하는 차원에서 가야 문화권 전체의 재조명과 노력이 지속되어야 한다. 물론 그 중심에서 복천동, 고녕가야, 성산가야 등의 미흡했던 부분을 메우는 것이 필수적이고, 유네스코 세계유산으로 등재 신청도 해야 한다.

3.
고고학 유물로 밝혀낸 가야국 문화의 예술성과 독창성

가야국은 김수로대왕의 서기 42년 건국 이래 낙동강 유역을 중심으로 독창적인 철기 제련 기술과 우수한 토기 제작 기술 문화를 꽃피운 문화강국이었다. 유네스코 세계유산으로 등재된 김해 대성동, 함안 말이산, 고령 지산동, 고성 송학동, 합천 옥전, 창녕 교동과 송현동, 남원 운봉 지역 유곡리와 두락리 고분군 등은 그 예술적·기술적 독창성에서 정점을 보여주는 결정적인 증거물이다.

함안 말이산 고분군에서 출토된 토기들은 불꽃무늬와 굽다리접시, 항아리, 사슴 모양 뿔잔 등으로 그중에서도 집 모양 토기와 배

불꽃무늬 토기와 배, 사슴, 집, 등잔 모양 토기(국가유산포털)

모양 토기는 당시 생활상을 사실적으로 재현한 조형 예술품인 것으로 평가된다. 가야국의 독창적이고 최고 예술성이 담긴 토기는 단순한 실용품이 아니라, 미학의 그 결정체였다.

[각 토기 모양의 여러 가지 분석적인 특징]

구분	형태	재질	특징	의미
굽다리접시	의식 용기	점토	곡선미, 안정된 비례	제례용
사슴 모양 뿔잔	주기	점토+채색	사슴의 생명력 표현	재생과 풍요
집 모양 토기	상형 토기	점토	기와·문틀 표현	당시 건축 양식 반영

또한 가야국은 철의 왕국이라 불릴 만큼 금속 공예술이 발달했다. 대가야의 지산동 고분군에서는 철제 무기와 말갖춤, 금동관이 다수 출토되어 정치권력과 예술이 하나였음을 보여준다.

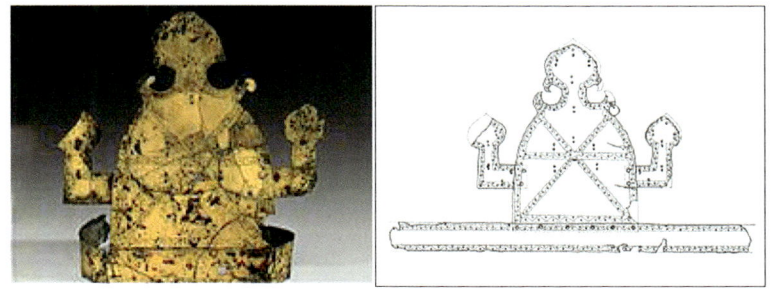

고령 지산동 32호분 출토 금동관과 도해(국가유산포털)

특히 철제 갑옷과 투구는 기능성과 조형미가 결합된 '공예 예술'

의 극치로, 문양을 새기거나 은입사 기법으로 장식한 흔적도 아주 뚜렷하다.

　지산동 고분군에서 발굴된 금동관의 곡선 장식은 백제국이나 신라국 보다 절제된 아름다움을 지녔으며, 실용적 구조 속에 권위의 상징성을 표현했다고 한다.

　가야인의 장신구는 유리구슬, 곡옥, 금은 세공품 등으로 구성되었고, 복합 재료의 조화도 아주 두드러진다. 특히 함안 아라가야 지역에서는 '연꽃무늬 청자 그릇'이 발굴되어 초기 불교문화와 국제적인 교역의 영향을 받은 예술적인 교류 흔적을 잘 보여준다.

함안 말이산 고분군 13호분 무덤방의 별자리 덮개돌(국가유산청)

　가야국 석곽묘와 지석묘는 단순한 매장 공간이 아니라 '조화된 공간미'를 추구한 건축 예술의 형태였다. 말이산 고분의 피장자 중심 배치와 순장자 공간 분할 방식은 인간과 세계, 생과 사의 질서를 형상화한 예술적인 표현이다. 이는 단순한 장례 의식이 아니라 '우주관의 시각화'로 평가된다.

가야의 예술은 폐쇄적이지 않았다. 5세기 이후 낙동강 유역의 교역로를 통해 남조(송·제·양·진)와 가야 왜(倭) 등 활발한 문화 교류를 이루었다. 아라가야의 청자, 대가야의 철기, 가락국의 금 세공품은 서로 영향을 주고받으며 동아시아 미술의 교차점을 형성하였다.

함안 가야읍 도항리의 동심원 암각화 고인돌(스마트 관광신문)

가야국의 수많은 유물은 단순히 고대의 잔재가 아니라, 오늘날까지 이어지는 창조 정신의 원형에 가깝다고도 할 수 있다. 그 예술성과 독창성은 그 지역의 경계를 넘어 한민족의 조형 의식과 정신문화의 깊이를 세심하게 보여준다.

그러나 아직도 일부 박물관의 전시 기록물과 평생학습 교재에서는 '임나일본부설'의 왜곡된 틀 속에서 가야국 문화를 축소·왜곡하여 표현하고 있다. 우리는 이제 고고학적 사실성을 토대로 진정성이 담긴 '가야국 예술의 참다운 빛'을 되살려야 한다.

5장

가야가 세계로 : K-한류와 만나는 문화유산

1.
국립김해박물관의 전시 기록물 왜곡 사례

　한국 역사 매국 사학은 겉으로 '가야'라고 글을 쓰고 말하며, 속으로는 '임나'라고 되새긴다. 국립김해박물관조차도 '조선총독부의 식민역사관'인 '한반도 임나설(가야국=임나)·임나일본부설'을 간교하게 복원시켜 왜곡·조작한 전시 기록으로 도배를 했었다.

　우리가 그것을 읽을 때마다 우리는 스스로 우리 민족을 비하하고 보잘것없는 조상을 둔 민족으로 인식하게 한 게, 지금껏 박물관마다 숨겨져 있었던 허위 사실의 기록이었다.

　하지만 가야 고분군에서 발굴된 유물·유적을 전시한 것을 보면, 가야국은 눈부신 문화유산을 창조한 문화강국이었음을 확신할 수 있는 데도, 그 기록은 하나 같이 우리를 비루한 민족으로 각인시켜 놓았다.

　일제 식민사관으로 왜곡·조작된 그 기록을 바로 잡아 우리 민족이 아주 수준 높은 문화를 창달하였고, 또 주변국으로 전파한 역사와 유적을 간직한 자랑스러운 민족이라는 사실을 기록해야 하지 않을까.

전시 기록물 왜곡 사례 1

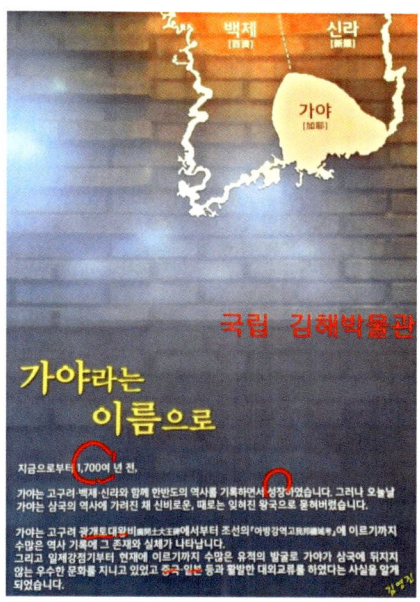

   지금으로부터 2000여 년 전, 가야국은 고구려국·백제국·신라국과 함께 대한 강역(요동·만주·연해주·한반도)의 역사를 기록하면서 건국되었지만, 오늘날 가야국은 삼국의 역사에 가려진 채 교과서에서도 사라진 국가가 되어 없어졌다.

   가야국은 고구려국 광개토태왕릉비(廣開土太王陵碑)에서부터 조선국 아방강역고(我邦疆域考)에 이르기까지 많은 역사 기록 존재로 그 실체가 나타난다.

'대일항전기의 도굴로부터 현재의 발굴'에 이르기까지 수많은 유물·유적 발굴로 가야국은 다른 삼국에도 뒤떨어지지 않는 우수한 문화를 창조했고, 북방 여러 나라와 왜(倭) 열도에 있었던 백제 왜(倭), 가야 왜(倭) 등과 활발한 교류를 하였다는 사실을 알게 된다.

 그 잊힌 한 걸음 한 걸음을 새롭게 한 자리에 모아 빛나는 이름 '가야국(加耶國)'으로 제자리를 찾아 우리에게 다가오길 기대한다.
 '일본'이라는 용어는 서기 670년경에 처음 국보『삼국사기』에 기록이 나온다.

 그 이전 문헌 사료에서 기록된 '왜(倭)'는 왜구·왜적·왜국·왜인으로 노략질을 일삼아 추격·격퇴와 멸(滅)의 대상으로 기록되어 있다.

 『삼국사기』,『삼국유사』기록에서 가락국·대가락·가야국·금관국의 건국은 서기 42년에 김수로대왕이다.

전시 기록물 왜곡 사례 2

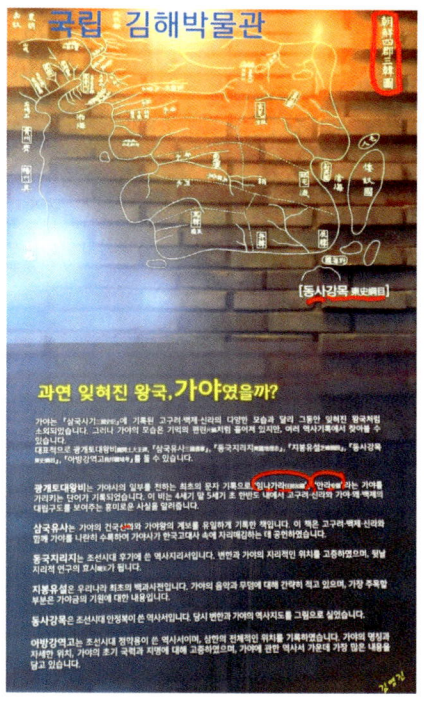

조선 영조 때 순암 안정복이 지은 『동사강목(東史綱目)』의 「조선사군삼한도朝鮮四郡三韓圖」는 사대주의 관점의 지도로서 중국의 동북공정 핵심인 한(漢) 4군과 일본의 한반도 임나설(가야국=임나)·임나일본부설과 삼한정복설의 자료로 활용된 지도인데, 아주 야비할 정도로 엄선하여 전시해 놓았다. 일반 민중들이 아무것도 모를 거라는 저 오만방자한 태도에 기인한 지도를 전시하다니. 가히 역

사 매국 사학·토착 왜구라 말하지 않을 수 없다.

과연 잊힌 가야국 기록은 어디 있을까?

가야국은 『삼국사기』에 기록된 고구려국·백제국·신라국의 다양한 모습과 달리 그동안 잊혀 왔던 국가로 사라졌었다. 그러나 가야국 모습은 기억 속 '편린'처럼 흩어져 있었지만, 여러 역사 기록에서 찾아볼 수 있다. 대표적으로 광개토태왕릉비, 『삼국유사』, 『동국지리지』, 『지봉유설』, 『동사강목』, 『아방강역고』를 들 수 있다.

광개토태왕릉비는 가야국 역사 일부를 전하는 최초의 문자 기록으로 4세기 말 ~ 5세기 초 5국 시대(부여국·고구려국·백제국·신라국·가야국) 대한 강역(요동·만주·연해주·한반도) 안에서 고구려국·신라국·가야국과 백제국에 부수적으로 이용된 '왜(倭)'를 포함한 서로 대립적 구도의 흥미로운 사실을 알려 준다. (임나 가라·안라는 대마도와 규슈, 왜 열도 안에 있었다.)

『삼국유사』는 가야국 건국사화(史話)와 가야국 왕 계보를 유일하게 기록한 국보 역사서이다. 고구려국·백제국·신라국과 가야국을 함께 기록하여 가락국의 역사가 한국 고대사 속에 자리매김하는 데 크게 공헌하였다.

전시 기록물 왜곡 사례 3

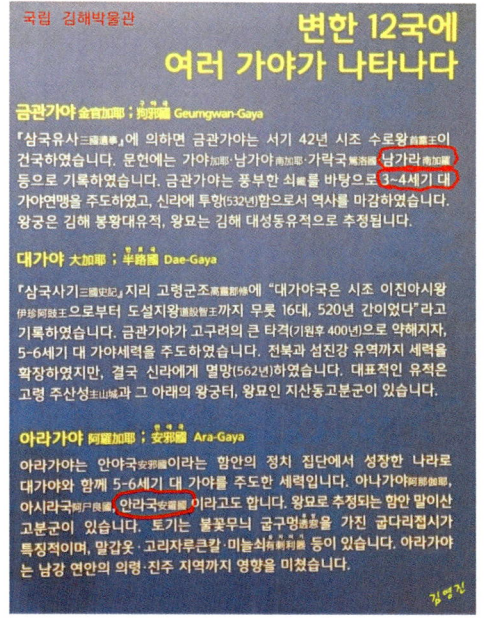

변한 12국에 여러 가야가 나타난 가락국.

『삼국유사』에 의하면 가락국(김해)·대가락·가야국을 세운 수로대왕만 왕으로 불렸으며 나머지 다섯 가야, 즉 고녕가야(상주 함창), 성산가야(성주), 대가야(고령), 아라가야(함안), 소가야(고성)는 각기 돌아가서 주(主)가 되었다고 기록하고 있다.

『삼국사기』에서도 가야국은 서기 42년, 김수로대왕이 건국하고 10대 구형왕 때 이르러 멸망했다고 나와 있다.

경남 산청 왕산 기슭에 모셔져 있는 구형왕릉

　남가라, 안라의 명칭은 『일본서기』에만 기록이 있고 대마도와 규슈 안에 있던 가야계 왕족이나 귀족들, 최고 토기나 철 제련 최고의 기술을 가진 사람들이 바다를 건너가 왜(倭) 열도 안에 세운 소읍·분국의 나라 이름이다.
　일본 시가현 구사쓰시 이나무라 초에는 신라 왕자 천일창을 숭배하는 '안라신사'도 있다. 『일본서기』에 기록된 명칭들은 먼저 일본 열도 안에서 찾는 것이 우선이 아니겠는가.
　아라가야(阿羅伽倻)·아시량국은 『대동지지』[66] 기록에 법흥왕 24년(537년)에 멸(滅)했다고 나와 있다. 또한 『삼국사기』 기록에는 법흥

---

66) 조선 후기 김정호가 1861~1866년 사이에 편찬한 전국 규모의 지리지.

왕이 아시량국(阿尸良國)을 멸했고, 아시량국은 '아라가야(阿羅加耶), 아나가야(阿那加耶)'라고도 한다고 분명히 쓰여 있다. 신라국 법흥대왕 재위 기간은 514~540년이다.

이러한 아라가야의 멸망 연도를 561년으로 조작한 까닭은 무엇일까?

모두 임나를 끌어들이는 방편이다. 함안을 '안라국'이라고 억단, 임나 7국의 한 나라로 지명 비정을 하면 아래의 설명문처럼 나머지 임나의 여러 나라들도 모두 한반도 안으로 집어넣을 수 있기 때문이다.

'아나가야후인(阿那伽倻後人)'이란 호를 쓰셨던 독립운동가 조소앙[67] 선생은 지하에서 가야국의 후손들이 임나국의 후손들로 둔갑 된 이 기괴한 현 실태를 보고 뭐라고 말씀하실까.

---

67) 본명은 조용은(趙鏞殷), 호는 소앙(素昻), 본관은 함안. 대한민국 임시정부의 요인이자 한국독립당의 간부였다.

전시 기록물 왜곡 사례 4

국립김해박물관

가야(加耶)는 낙동강 서쪽의 변한 지역에 있었던 여러 세력 집단이 성장한 나라입니다. 그 명칭은 가야(加耶)·가야(伽耶)·가라(加羅)·가량(加良)·가락(駕洛)·가락(伽落)·임나(任那) 등 다양합니다. 『삼국유사三國遺事』기록에 따른 가야 영역은 오늘날의 낙동강 하류와 남해안을 중심으로 한 지리산과 가야산 일대로, 낙동강 서쪽의 영남지역이 중심입니다. 그러나 이것은 가야의 늦은 시기에 해당하는 영역이며, 가야의 빠른 시기 영역은 고고학연구 성과에 따라 낙동강 동쪽 일부 지역까지입니다.

가야는 5가야·6가야·가야7국·포상浦上8국·임나任那10국 등의 형태로 문헌에 다양하게 기록되어 있으며, 금관가야·대가야·소가야·아라가야·비화가야 등으로 불리었습니다. 여러 소국小國으로 구성된 가야는 백제·신라와 패권을 다투었지만, 고령의 대가야가 신라에 병합(562년)되면서 역사의 막을 내렸습니다.

한국 역사 매국 사학계는 겉으로 '가야'라고 글을 쓰고 말하며, 속으로는 '임나'라고 되새긴다. 임나 7국, 가야 7국, 임나 10국은 『일본서기』에만 기록이 나오는 국명(國名)이다.

임나에 대해서는 '대마도와 규슈 또는 일본 열도 안에 있었다'라며 최근에 많은 논문이 발표되었다. 그 반박 논문은 발표하지 않고, 아직도 대한민국 모든 박물관 기록이 '황국 식민사관'을 추종·신봉하는 역사 매국 사학의 엉터리 주장을 담은 논문으로 왕창 도배가 된 실정이다.

20224년 1월 22일 재개관 후, 한반도 임나설(가야국=임나)·임나일본부설은 완전히 삭제되었다. (사진 참조)

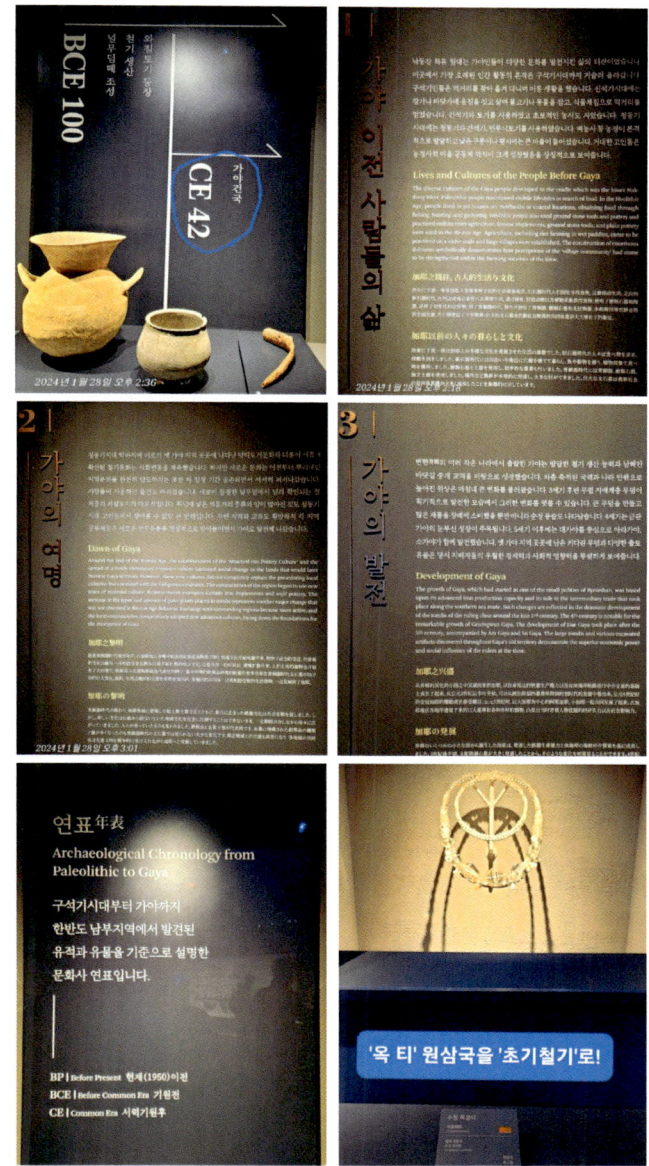

　'옥 티'로써 역사 매국 사학에서는 아직도 일제 조선총독부 직속 조선사편수회에서 날조한 『삼국사기』 초기 기록 불신론을 신봉하여 추종한다. 그것에 악용된 허튼 용어가 '원삼국시대'인데, 이제 '초기 철기시대'라고 기록해야 한다!

찬란한 가야국 유물의 참다운 가치가 돋보이도록 놀라울 만큼 격을 올렸고, 방문객들의 지식 눈높이에도 딱 맞췄다고 볼 수 있다. 앞으로도 국립 김해박물관에 전시된 기록 사실을 본받아 유네스코에 등재된 나머지 7개 가야국 고분군 박물관 기록도 하루속히 대변혁을 이루기를 바란다.

오롯이 참다운 사실성과 진실성만이 전 세계에 '지속 가능한 K-한류 관광산업 활성화를 견인할 수 있다'라는 사실을 깨달아야 한다.

드디어 2024년 1월, 6개월의 리모델링을 마친 국립김해박물관이 다시 문을 열었다. 그전까지는 전시관 벽면에 "가야=임나"라는 문구가 걸려 있었다. 조선총독부 시절의 잔재, 일본 극우세력들이 만든 식민사관의 흔적이 모든 박물관의 전시 기록물에 완전히 도배되어 있었던 것이다. 그러나 이제 그 벽면은 완전히 사라졌다. 대신 새 전시관은 이렇게 시작한다.

"가야는 철과 바다로 문명을 세운 자주국이었다."

전시 기록의 구성은 '정복의 역사'가 아닌 '교류의 역사'를 중심에 두었다. 관람객들은 철제 갑옷과 토기를 통해 당시 가야인들의 예술과 기술, 그리고 삶의 이야기를 듣는다.

이러한 변화는 단지 박물관의 역사의식 개편이 아니라, 그것은 국가의 정체성이 담긴 바른 역사 서술이 회복된 사건이었다.

2.
합천박물관의
전시 기록물 왜곡 사례

전시 기록물 왜곡 사례 1

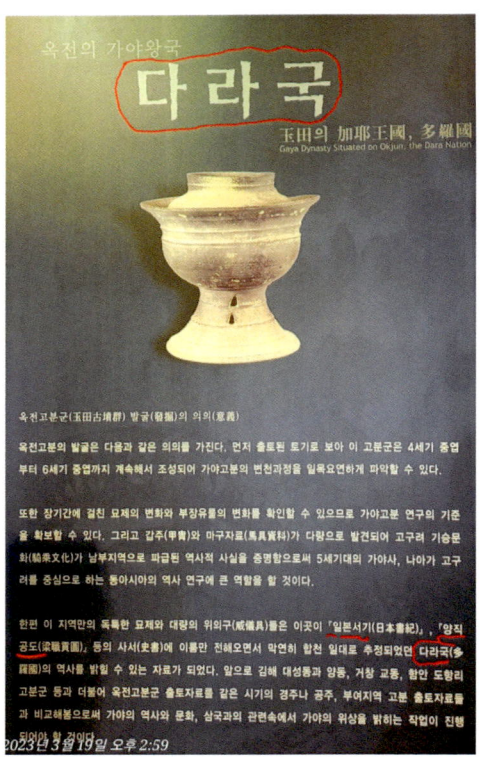

152 날조한 역사, 지워진 진실들

합천박물관에 전시된 기록물은 '대한민국 박물관이 아니라, 일본의 한국지부 박물관인가!' 하고 우리 눈을 의심해야 할 지경이다.『일본서기』의 '한반도 임나설(가야국=임나)'로 완전히 도배가 되어 있다.

합천박물관의 '다라국'이라는 명칭은 서기 369년에(실제로는 249년인데 마음대로 120년을 더해 369년 사건이라는 억지 날조) 왜(倭)가 바다를 건너와 신라를 쳐서 깨부쉈다 하고서는(신라는 망하지 않음) 고대 '가야국' 강역(疆域)에 있지도 않았던 신라 7국을 평정했다며,『일본서기』'한반도임나설(가야국=임나)·임나일본부설'의 임나 7국·임나 10국에 있는 이름이다.

글 문맥이 앞뒤가 맞지 않는다.

『일본서기』에만 나오는 이름을 대일항전기 일제 식민학자들은 대마도와 규슈, 왜(倭) 열도 안에서 그 위치를 찾아서 비정하지 않고, 한반도 남부 가야국 땅에 통째로 날조한 임나 7국(비자발-창녕, 남가라-김해, 녹국-경산, 탁순-대구·창원, 안라-함안, 다라-합천, 가라-고령) 중에 '다라'라는 것이다.

고대 왜(倭)가 가야국을 점령한 후 임나일본부를 설치하여 통치한 곳 명칭이 '다라'라는 것인데, 부끄러운 줄도 모르고 자랑스럽게 여기도록 세뇌가 되었다.

역사 매국 사학이 순박한 군민들에게 오랫동안 합천박물관 평생학습 강좌를 통해 속여 왔고, 박물관 안팎 전체는 '가야국=임나'라고 새겨서 도배까지 해 놓은 격이다.

『일본서기』에만 나오는 임나 7국과 임나 10국은 고대 가야국과 백제국, 신라국, 고구려국 왕족과 귀족들, 최고의 토기와 철기 제련 기술자들이 바다를 건너가 대마도와 규슈, 왜(倭) 열도 안으로 집단 이주해서 세웠던 작은 마을(소읍)이다.

부산대 이병선 교수를 비롯한 민족사학자들이 최근까지도 연구 논문을 발표해 놓았다.

역사 매국 사학은 지금껏 그것에 대한 반론을 하나도 제시하지 않았다. 아무런 근거 없이 일제 식민학자들이 찍어 발표한 낭설을 1945년 해방 이후에도 조선총독부 직속 조선사편수회 출신의 식민사학자 이병도와 신석호가 그 억단(臆斷)을 통째로 역사 매국 사학에 뿌리박아 놓았다.

그것을 그대로 베낀 역사 매국 사학이 지난 35여 년 동안 어쭙잖은 주장(논문)과 단행본 책까지 펴냈고, 합천박물관은 그대로 베껴 기록해 놓았다.

전시 기록물 왜곡 사례 2

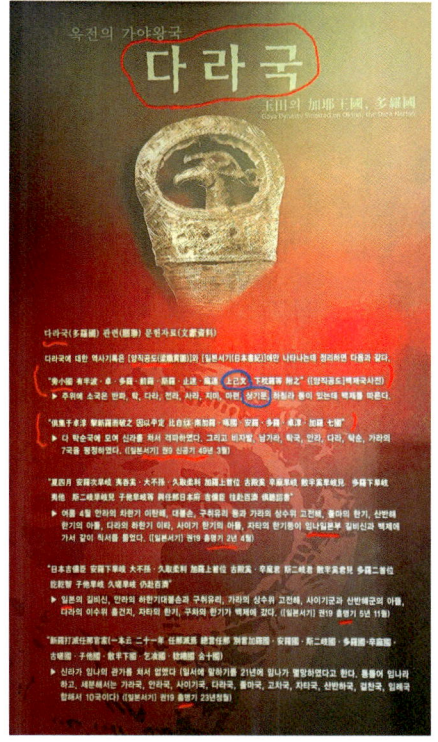

첫 단락 「양직공도」의 주요 내용은 백제는 옛 래이(來夷)로 마한(馬韓)에 속했다. 진 말에 (고)구려가 요동을 차지하자 낙랑(백제) 역시 요서, 진평현을 차지하였다는 내용이다.

두 번째 단락은 그 나라 도성을 '고마'라 하고, 읍을 '담로'라고 하는데, 이는 중국 군현과 같다. 22담로가 있어 (왕)자제 종족이 나누

5장 가야가 세계로 : K-한류와 만나는 문화유산   155

어 다스렸다. 담로 주변 방소국(傍小國) '반파, 탁, 다라, 전라, 사라, 지미, 마련, 상사문, 하침라' 등이 붙어 있다는 내용이다.

「양직공도」를 한 번이라도 읽고서 주장을 해야 하지 않겠는가!

다라국 위치가 '합천'이라는 근거는 단 하나도 없을 뿐만 아니라, 기문국이 '남원'이라는 근거 또한 단 한 개도 없다.

'다라'가 합천 '다라국'이고, '상사문'이 남원 '기문국'이라고 억지로 우길 것이 아니라, 먼저 1차 문헌 사료로 그 근거를 제시하란 말이다!

경남 합천 지역이 어찌 바다를 건너온 '왜(倭)'가 서기 369년에 평정한 후 식민지로 임나일본부를 두고 통치한 합천 다라국이란 말인가!

가히 합천 '다라국'이라는 말과 공간을 전시한 합천박물관은 그야말로 왜곡과 조작, 날조의 끝판왕이기에 부끄럽기가 그지없고 눈 뜨고 좀 보시길 기원한다!

전시 기록물 왜곡 사례 3, 4

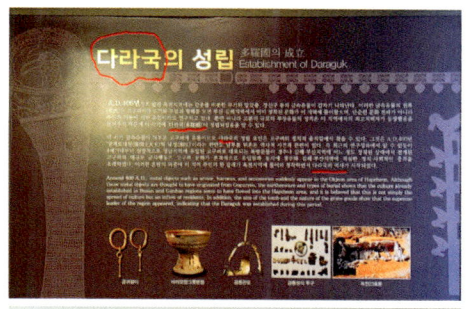

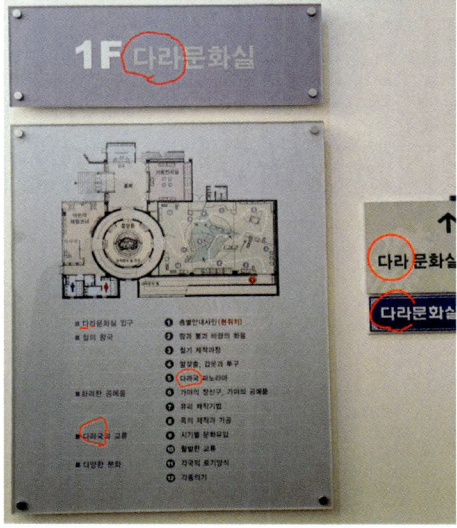

앞서 말하였듯이 '왜(倭)'는 6세기 중엽까지도 자체 제철 제련 기술조차 없었다.

또 아직 국가 체제 형성도 안 된 '왜(倭)'가 바다를 건너와 신라를 쳐부수었다 하고서는 '가야국' 강역(疆域)에는 있지도 않았던 '임나

7국'을 평정했다고 한다. 또 가야국에 임나일본부를 설치하고서 서기 562년 '대가야국(고령)'이 멸망할 때까지 가야국을 식민지(서기 369~562년)로 지배했다고 억지로 단정하고 주장하는 것이 '한반도 임나설(가야국=임나)'이며, 이미 밝혔듯이 그것은 허구(虛構)일 뿐이다.

그렇게 임나 7국·10국 위치 비정을 한반도 안에다 억단해 온 사람들 가운데 '서기 369년에 가야국이 멸망했느냐?'는 나의 물음에 아직 단 한 명도 대답하지 못했다.

그들은 대답할 수 없다는 것을 나는 충분히 안다.

왜냐? 가야국은 그 당시에 멸망한 적이 없었기 때문이다.

전시 기록물 왜곡 사례 5, 6

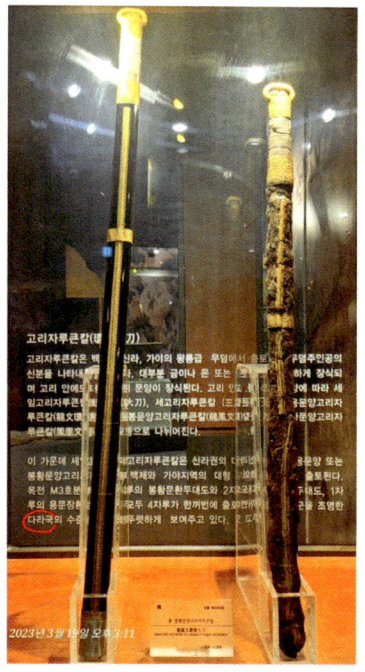

'한반도 임나설(가야국=임나), 임나일본부설'이란?

『일본서기』 신공 49년 조[68]에, [실제 기년은 249년인데, 맘대로 120년

---

68) 『일본서기』 신공 卌九年 春三月, 俱集于卓淳, 擊新羅而破之. 因以, 平定比自㶱·南加羅·喙國·安羅·多羅·卓淳·加羅, 七國. 仍移兵, 西廻至古奚津, 屠南蠻忱彌多禮, 以賜百濟. 於是, 其王肖古及王子貴須, 亦領軍來會. 時比利·辟中·布彌支·半古, 四邑, 自然降服. 是以, 百濟王父子及荒田別·木羅斤資等, 共會意流村[今云州流須祇.]. 相見欣感. 厚禮送遣之. 唯千熊長彦與百濟王, 至于百濟國, 登辟支山盟之. 復登古沙山, 共居磐石上. 時百濟王盟之曰, 若敷草爲坐, 恐見火燒. 且取木爲坐, 恐爲水流. 故居磐石 而盟者, 示長遠之不朽者也. 是以, 自今以後, 千秋萬歲, 無絶無窮. 常稱西蕃, 春秋朝貢. 則將千熊長彦, 至都下厚加禮遇. 亦副久氐等而送之.

을 더해 369년 사건이라 주장함- 역사서(歷史書)에 연도 조작만으로도 위서(僞書)고 완전한 허구(虛構)다.] 왜(대화 倭)가 369년에 탁순(대구)에 집결해서 신라를 쳤고(하지만 신라는 멸망하지 않음), 신라 7국(비자발比自㶱-창녕, 남가라南加羅-김해, 록국喙國-경산, 탁순卓淳-대구·창원, 가라加羅-고령, 다라加羅-합천, 안라安羅-함안)을 가야국 강역(疆域) 안에 있던 것으로 조작하며 평정했다고 하였다.

그리고 그 군대 기수를 서쪽으로 돌려 고해진(古奚津)에 이르러 남만(南蠻, 남쪽 오랑캐)인 침미다례(강진·해남)를 도륙한 후 백제에 할양하였다고 한다.

이에 비리(比利)-정읍·벽중(辟中)-김제·포미지(布彌支)-고부·반고(半古)-부안 등 4읍은 스스로 항복하고, 백제왕 부자(父子) 초고왕과 귀수는 '왜(倭)'에 천년만년 영원토록 늘 서쪽 번국이라 칭하며, 봄·가을로 조공을 바치겠다고 맹세한 내용이다.

『일본서기』는 백제국이 완전히 멸망한 후(663년) 왜(倭)로 건너간 백제국 왕족과 귀족 사람들이 쓴 책이다.

그리고 왜(倭)는 종주국이고, 백제국을 속국으로 날조한 것이다.

6세기까지도 철 제련하는 기술도 없었고, 국가 체제 형성이 안 된 '백제 왜(倭)'인데, 그 '왜(倭)'가 삼한 정벌(실제는 209년인데 329년이라며 120년을 더하고) 후 재차 침입한 서기 369년에 신라를 쳐부수었다고 한다.

그리고 가야국에는 있지도 않았던 임나 7국을 평정해 임나일본부를 설치한 후, 한반도 남부 경상도와 전라도 지역을 서기 562년

대가야국(고령)이 멸망할 때까지 식민지로 통치, 지배했다고 허튼소리를 한다.

  2023년 9월 17일 유네스코 세계유산위원회에서 합천 '다라국', 남원 '기문국'이라는 정치체 국명(國名)을 삭제하고 세계유산 등재를 확정했는데도, 아직 전혀 바꾸지 않고 국내 7개 박물관마다 기록을 '한반도임나설(가야국=임나)'로 도배하듯이 써 놓았으니 참으로 기가 찬 실정이다. (2024. 03. 17)

전시 기록물 왜곡 사례 7, 8

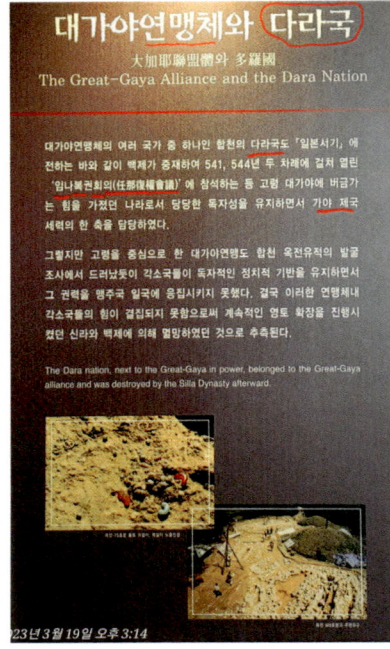

일본은 '왜(倭)'라고 표기해야 한다. '일본(日本)'이란 용어는 서기 670년경에 첫 기록이 나온다. 그 이전 1차 문헌 사료에 기록된 왜(倭)는 왜구·왜적·왜인으로 노략질을 일삼는 추격·격퇴·멸의 대상이다.

2024년 12월 22일(일)에 합천박물관을 임시 재개관하여 찾아보았지만 실망스럽기 그지없었다.

* https://www.idomin.com/news/articleView.html?idxno=925026

전시 기록물 왜곡 사례 9, 10, 11, 12, 13

옥전고분군
Okjeon Tumuli

옥전고분군은 김해 대성동고분군, 고령 지산동고분군 등과 함께 2023년 유네스코 세계유산으로 등재된 7개 가야고분군 중 하나입니다. 1985년 경상국립대학교박물관이 실시한 황강유역 지표조사에서 발견된 이후 수차례에 걸친 발굴조사를 통해 그 성격이 밝혀졌습니다.
4세기부터 가야가 멸망하는 6세기 후반대까지 집중적으로 만들어진 고분으로, 시간의 흐름에 따라 덧널무덤-돌덧널무덤-돌방무덤 순으로 만들어지는 가야고분의 변화 과정을 잘 보여주며, 나무뚜껑을 사용하는 등 옥전고분군만의 독자적인 모습을 잘 보여줍니다.
특히 철제 갑옷과 투구, 칼, 창, 화살촉, 말갖춤, 금귀걸이, 옥과 유리로 만들어진 목걸이 등과 함께 금관가야·대가야·신라·백제 유물이 대량으로 확인됩니다. 이토석 황강과 낙동강을 통해 주변 여러 나라와 교류하면서 성장·발전했던 합천지역의 가야 '다라국'의 왕과 지배집단이 묻힌 고분군으로 추정되고 있습니다.

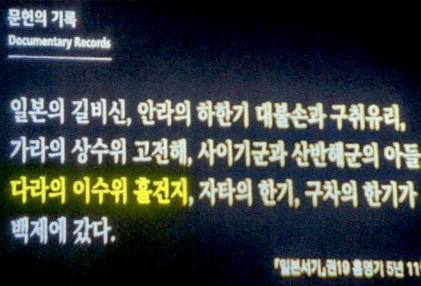

2025년 10월 19일(토) 재개관 후 다시 방문하였다.(사진 참조)

합천 옥전고분군

여섯 육(륙)

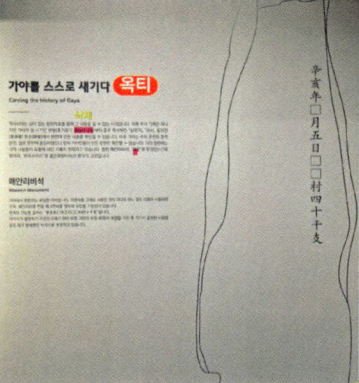

5장 가야가 세계로 : K-한류와 만나는 문화유산

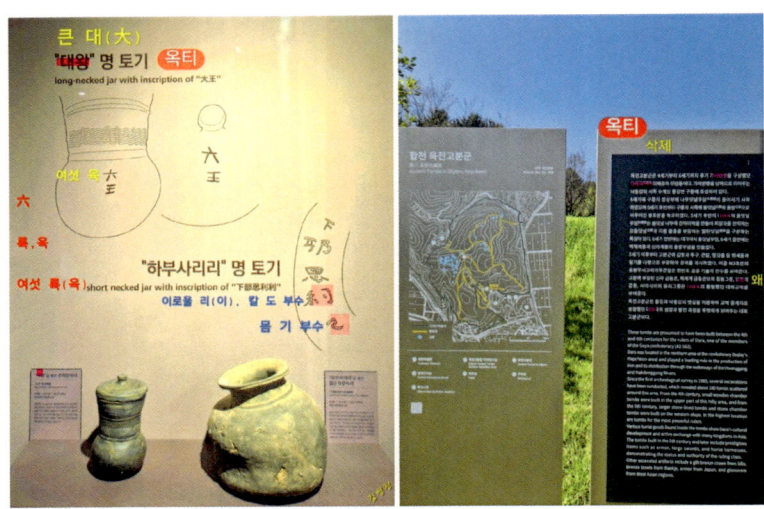

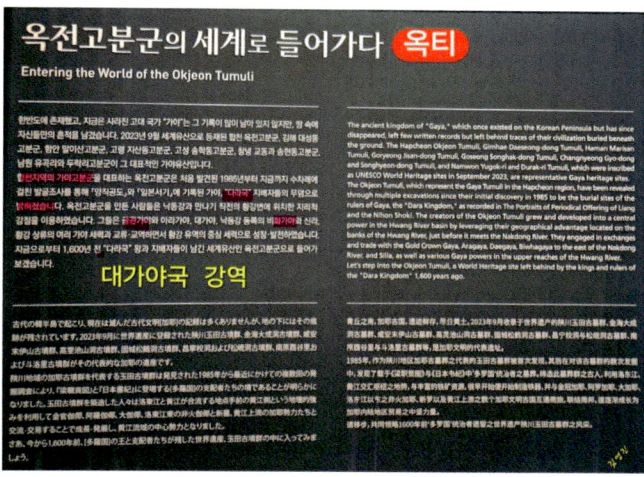

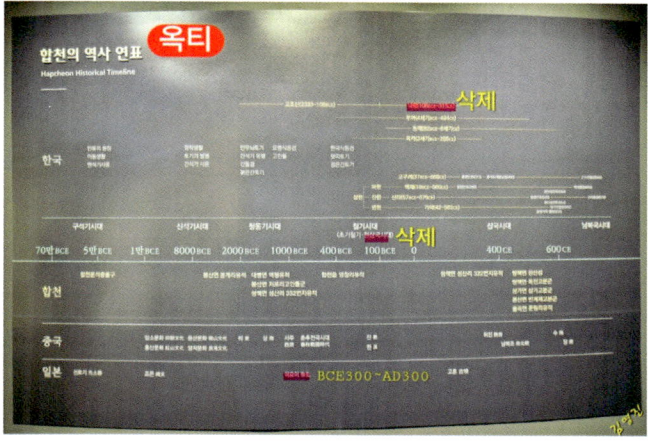

3.
가야국 고분군,
세계문화유산 관광산업의 중심

가야국 고분군이 세계유산에 등재된 이후, '문화유산 관광(Cultural Heritage Tourism)'이 새로운 문화가 되었다. 관광은 단순한 방문이 아니다. 그곳의 정신을 이해하고 보존과 향유를 동시에 실천하는 일이다. 유네스코와 이코모스는 다음과 같은 원칙을 제시했다.

① 유산의 보존을 전제로 한 관광 계획 수립
② 지역 사회와 경제의 상생
③ 방문객에게 가치 있는 경험 제공
④ 문화유산의 해석에 있어 사실성과 진정성 보장
⑤ 방문객을 보존의 이해 당사자로 인정

즉 관광은 유산을 소비하는 행위가 아니라 공존의 행위여야 한다는 것이다. 가야 고분군의 보존은 더 이상 행정의 영역이 아니다. 그곳을 찾아오는 사람들의 태도, 그리고 그 이야기를 전하는 사람들의 말 한마디가 곧 보존 근거의 실천이 된다.

한류의 본질은 공감과 교류다. 그 시작은 1500년 전, 가야의 바다에서 이미 시작되었다. 가야의 항로는 낙동강에서 남해로, 그리고 일본 규슈로 이어졌다. 그 길을 따라 철과 도자기, 문화와 예술이 오갔다. 이것은 단순한 교역이 아니라, 문화의 대화였다.

오늘날 K-팝(pop)의 리듬, K-드라마의 서사, K-푸드 감성은 모두 '서로의 다름을 포용하는 문화'로 통한다.

가야국의 개방성과 남방 해양과의 대륙 교류 정신이 바로 그 뿌리이다. 가야국은 국경을 넘어 해양과 대륙으로 문화뿐만 아니라, 최고의 토기와 철 제련 기술을 전수하고 나눈 최초의 한(韓)민족 문명이다.

그 정신이 지금의 K-한류로 이어진다면 한류는 그냥 유행이 아니라, 인류의 문화로 융성할 것이다.

문화는 중앙에서 시작하지 않는다. 각 지역의 유산이 모여 국가적인 유산과 문화가 된다. 가야국의 7개 고분군이 유네스코 세계유산으로 등재된 것은 지역 문화가 세계적인 문화를 견인하는 가능성도 증명했다.

경남·북, 전남·북의 지자체들이 서로 유산을 한데 묶어 탁월하고 보편적인 가치를 지닌 '하나의 이야기'로 만든 결과였다. 이제 각 지역은 독립된 관광지가 아니라 '가야국 문화관광 벨트'로 연결되고 있다.

고령의 '대왕의 나라'를 주제로 열리는 대가야축제, 김해의 수로왕릉과 수릉원 일대에서 열리는 국가 유산 축제, 남원의 봉수와 철기의 우수성을 알리는 한마당 축제 등은 세계인의 발길을 끌어들이는 글로벌 문화관광 축제가 되고 있다.

이러한 상호 협력은 단순한 지역 발전만 의미하는 게 아니라, 관광과 문화 외교의 기반이다. 각 지역만이 지닌 탁월한 유물·유적 우수성이 세계로 향해 나아갈 때, 그 문화관광은 더욱 융성해진다.

K-한류의 다음 세대는 화려한 조명 아래서가 아니라, 고분의 흙에서 태어날지도 모른다. 가야국의 '명상 문화' 축제와 토기와 철 제련 기술 이야기, 신라국의 화백·화랑도 정신 그리고 백제국의 '검소하나 누추하지 않고, 화려하나 사치스럽지 아니한 예술'이 새로운 콘텐츠의 원천으로 다시 관심과 흥미를 끌고 있다.

K-한류가 세계 속에서 지속적인 가능성을 유지하려면 그 안에는 '진정한 한국의 정신과 뿌리'가 있어야만 한다. 그 뿌리가 바로 가장 최근 핫 플레이스로 유네스코 세계유산에 등재된 가야국 고분군이다.

자주적이고, 개방적이며, 예술성과 기술력이 공존했던 문명이 남긴 흔적. 그것이야말로 오늘날 우리가 세계에 보여주고 가장 자랑할 만한 아름다운 대한민국의 얼굴이다.

"유산은 단순한 과거의 사실이 아니다. 유산은 미래가 과거와 손을 맞잡게 하는 탁월하고 보편적인 가치를 지닌 매개체이다."

6장

우리가 가야 할 길

1.
세계유산의 가치는
진실성에 기반한 올바른 역사 전승

2023년 9월 17일, 유네스코 세계유산위원회는 '합천 다라국'과 '남원 기문국'이라는 명칭을 공식 삭제하고 '쌍책 지역 가야 정치체'와 '운봉고원 가야 정치체'로 수정할 것을 결정했다.

이 한 줄의 문장은 단순한 행정 문서가 아니라, 100년 넘게 이어진 식민사관의 족쇄를 끊는 선언이었다. 식민사관 청산, 이제부터가 시작이다.

일제는 100년 전 『일본서기』를 이용해 한반도의 남부를 자신들의 역사 속에 끼워 넣었다. 그 흔적은 해방 후에도 교과서와 학계, 박물관에 남았다. 그러나 지금 우리는 그 그림자를 걷어내고 있다.

'식민사관 청산'은 단지 과거를 부정하는 행위가 아니다. 그것은 사실의 재구성이자 해석의 주체를 되찾는 일이다.

역사란 누가 기록하느냐에 따라 의미가 달라진다. 이제 그 펜을 다시 민중이 쥐어야 한다. 우리가 해야 할 일은 세 가지다.

첫째, 식민사학의 논리로 구성된 한국사 교과서를 바로잡는 일.
둘째, 현장 중심의 역사 교육을 강화하여 우리 학생들이 유산 속 진실을 체험하는 일.
셋째, 가야국의 역사를 국가 정체성 축으로 통합하는 일.

역사는 단순히 과거를 배우는 과목이 아니라, 국민의 정신을 세우는 기억의 뼈대이다. 유산은 박제된 유물이 아니라 공동체의 자산이다. 앞으로의 문화정책은 단순한 보호에서 '공유와 향유'의 정책으로 나아가야 한다.

가야국 고분군을 비롯한 세계유산들은 지역 경제의 성장, 국제 교류, 청소년 교육의 장으로 발전할 수 있다. 이를 위해 필요한 것은 거창한 예산이 아니라, '참여'와 '투명성', 그리고 '사실성과 진실성'이다. 문화정책의 방향은 이렇게 바뀌어야 한다.

- **보존에서 참여로** : 주민이 유산의 주체가 되는 시스템.
- **설명에서 공감으로** : 학문 중심 해석에서 시민 중심 이야기로.
- **행정에서 문화로** : 관리 중심 행정에서 교육·관광·예술 융합으로.

이러한 전환이 이루어질 때, 가야는 비로소 오늘의 문화 속에서 숨을 쉬게 될 것이다.

2.
뒤틀린 역사를 바로잡는 일이
밝은 미래 밝히는 길

한 나라의 역사는 단순한 연대기의 나열이 아니다. 그것은 한 민족의 '정신의 지도'이며, 우리가 누구인지, 왜 여기 서 있는지를 증명하는 근원이다.

그러나 우리의 근현대사는 식민지의 굴레 속에서 뒤틀리고 잘려 나갔다. 조선사편수회의 손에서 조작된 '임나일본부설', 그리고 그 왜곡된 유산을 되풀이한 역사 매국 사학의 잔재는 지금까지도 교과서와 박물관 속에 남아 있다.

2019년, 국립중앙박물관의 「가야 본성」 전시에서는 '가야=임나'라는 문구가 버젓이 걸려 있었다. 그것은 단순한 표기가 아니라, 일제 식민사관의 논리를 되살린 위험한 상징이었다.

이에 시민들은 거리로 나섰고, 역사 시민단체들은 연대하여 문화재청과 유네스코에 "가야의 이름을 왜곡하지 말라!"고 외쳤다. 그들의 손에는 화려한 깃발도, 거창한 구호도 없었다. 오직 붓으로 쓴 "다라국과 기문국을 삭제하라!"는 피켓뿐이었다.

그 외침은 결국 세계유산 등재의 문을 열었다.

2023년 9월 17일, 유네스코 세계유산위원회는 '다라국'과 '기문국'이라는 이름을 공식 삭제하고 '쌍책 지역 가야 정치체'와 '운봉고원 가야 정치체'로 수정했다.

가야 고분군의 등재는 단순한 문화유산의 등록이 아니었다. 그것은 뒤틀린 과거를 바로잡는 혁명이었다. 남원 유곡리·두락리 고분군은 오랫동안 역사 매국 사학의 강연으로 '기문국'이라는 이름으로 불렸다. 이는 『일본서기』에만 등장하는 지명으로, 아무런 고고학적 근거가 없었다. 이 오류를 그대로 둘 경우, 일본은 합천과 남원을 '과거 자국 영토'라고 주장할 빌미를 얻는다.

역사의 왜곡이 어떻게 오늘의 외교 갈등으로 번지는지를 보여주는 명백한 사례다. 따라서 역사 바로 세우기는 과거의 정정만이 아니라, 현재와 미래의 주권을 지키는 일이다.

유산의 진정성은 과거의 기록이 아니라, 그 기록을 읽는 우리의 자세에서 비롯된다.

역사 바로 세우기의 진정한 완성은 교육의 변화에서 이루어진다. 아직도 일부 교과서에는 '가야 연맹체', '임나일본부' 같은 식민사관 용어가 남아 있다. 이 용어 하나하나가 학생들의 역사 인식을 왜곡시킨다.

역사는 암기가 아니라 성찰이다. 아이들이 고분 위에서 흙을 밟으며, "가야인은 우리였다"라는 사실을 깨닫게 하는 순간, 그것이 곧 진정한 역사 교육이다. 교육이 바뀔 때 사회가 바뀌고, 사회가 바뀔 때 더 밝은 미래를 창조할 수 있다.

세계유산 등재 이후에도 여전히 일부 박물관 전시에는 『일본서기』의 표현이 남아 있었다. 그러나 시민의 감시와 요구 끝에 2024년 1월 국립김해박물관은 '한반도임나설' 관련 문구를 완전히 삭제하였다.

이것은 단순한 문장 하나의 수정이 아니라, 100년 묵은 식민사관의 종말을 고하는 장례식이었다고 본다. 문화의 자주성이란 바로 이런 것으로 국가의 정체성을 외부의 시선이 아닌, 우리 자신들 시선으로 바라보는 '힘!'이고 그것이 '진정성'이다.

가야국 고분군의 세계유산 등재는 끝이 아니라, 시작이다. 우리는 이제 질문을 던져야 한다. "다음으로 바로잡아야 할 진실은 무엇인가?" 그 진실은 언제나 불편하다.

그러나 그 불편함을 견디는 용기야말로 밝은 미래로 가는 첫걸음이다. 뒤틀린 과거를 바로잡는 일이지 않겠는가. 그것은 역사를 넘어 우리 자신을 바로 세우는 일이고, 그 순간 미래는 이미 빛나고 있다.

"과거를 잊은 민족에게 미래는 없다.
그러나 과거를 바로잡은 민족은 영원히 미래를 밝힌다."

7장

시사 역사 상식(歷史常識)

1.
'금관가야'가 아닌 '가락국'이 올바른 표기

가야국 관련 1차 문헌 사료에는 '금관가야(金官伽倻)'라는 표기는 없고, **'가락국(駕洛國)·가야국(伽倻國)·대가락(大駕洛)·금관국(金官國)'** 이라는 표기만 있다.

1945년 해방 이후에도 조선총독부 직속 조선사편수회 출신 반민족행위자 이병도와 신석호는 서울대와 성균관대, 고려대 교수와 교육부 장관, 국사편찬위원회 위원장을 맡았고, 일제 식민사관으로 집필한 초·중·고 역사 교과서는 지난 80년 동안 대한민국의 민족혼과 얼을 황폐화시켜 왔다.

① https://youtu.be/ahrIDWQctOE?si=D2KoJlbPZ81ajxrD
② https://youtube.com/shorts/Fxe_HgCI5jU?si=IwmJ7f86zdlGUSQE
③ https://youtube.com/shorts/sygSaP0c6gA?si=qUoD3Y7QjTjTpLXM

 일제 식민사관으로 황폐화시켜 서술한 한국민족문화대백과사전, 한국사 데이터베이스, 위키백과를 비롯한 모든 SNS(사회관계망서비스)상 기록과 출판된 역사서, 또 학생들이 배우는 모든 한국사 교과서 용어 서술을 바르게 기술함으로써 더 알기 쉽게 우리 역사를 이해하고 도움이 되도록 문맥 속 용어를 바르게 정리한다.

 『일본서기』의 '임나일본부설'로 서술한 SNS 기록과 합천박물관처럼 전체 공간과 서술을 '한반도 임나설(가야국=임나)·임나일본부설'로 도배하여 전시한 기록물과 홈페이지 서술도 바꿔야 한다.

 2017년 문재인 정부는 바른 가야국 역사를 정립할 것을 100대 국정 과제로 추진했고, 문화재청[69]은 2021년 1월 27일 유네스코 세계유산 센터에 가야국 고분군 7개, 즉 '김해-대성동 고분군, 함안-말이산 고분군, 고령-지산동고분군, 합천-옥전 고분군, 창녕-교동과 송현동 고분군, 고성-송학동 고분군, 남원-유곡리와 두락리 고분군'을 세계유산에 등재하는 신청서를 제출했다

 그리하여 2023년 9월 17~25일 사이에 사우디 리야드에서 개최된

---

69) 민족문화 계승과 발전을 위해 국가 유산을 지정하고 관리·보호하는 정부 기관으로, 2024년 5월 17일 '국가유산기본법' 시행에 따라 기존의 문화재청에서 '국가유산청'으로 명칭이 변경되었다.

제45차 세계유산위원회에서 한국의 문화재청이 신청한 7개 가야국 고분군을 대한민국의 16번째 유네스코 세계유산으로 등재를 결정했다.

그 등재 확정은 정말 경축할 일이지만, 등재 신청서에 기록된 내용을 보면 '조선총독부 황국사관'에 맞춰 고대 가야국 역사를 완전히 왜곡·날조하여 서술된 문제 때문에 마음 아프기가 그지없다.

우리 역사를 말살하는 데 앞장섰던 조선사편수회의 봄나들이
(출처 : 「한사군은 요동에 있었다」 한가람역사문화연구소, 2020.)

유네스코 홈페이지에 한국의 문화재청이 제출한 등재 신청서 기록은 '대한민국 역사관'으로 쓴 가야국 역사가 아니라, 일제 '조선총독부 황국사관'으로 덧칠이 되어 있었다.

이렇게도 황당무계하게 서술된 원인을 찾기 위해 자료를 추적했고, 세계유산 등재 신청 기록의 원본 격으로 2018년 가야 고분군 세계유산등재추진단이 발행한 「가야 고분군 연구총서 1권 가야사 총론」, 「경상남도사(慶尙南道史)」를 찾아 분석했다.

첫째, 가야국 강역사(疆域史) 서술에서 '한반도 임나설(가야국=임나)'을 대전제로 두고 영·호남 전체를 '임나 제국'으로 서술했다.

둘째, 가야국 건국 시기를 3세기 말로 기술하여 서기 42년 김수로대왕의 가야국 건국과 48년 허황옥 황후와 혼례 사실을 가짜로 매도(賣渡)하였다.

1868년 '메이지 유신'으로 정권을 잡아 '정한론'을 주창한 일본 극우 세력은 조선 침탈에 정한론의 논리를 내세워 대한제국(1897~1910)을 강탈했다.

경술국치(1910년) 이후 전국적으로 약탈한 51종 20여 만 권 책을 불사르고 그 수를 헤아릴 수 없을 만큼 많은 서적을 일본으로 반출까지 해갔다. 또 일왕 히로히토와 아키히토의 명령으로 조직된 조선사편수회에서는 사악한 일본 극우 세력의 시각으로 '조선사 35권'에 없는 사실을 편집·날조하여 대한민국 전체 역사 기록을 '식민사관'으로 철저하게 왜곡했다.

특히 『일본서기』 신공 49년(249) 조 '임나일본부설(가야국=임나)'은 조선을 강탈(1910)한 날강도에게 간교하게 '고토 회복'이라는 부당한 명분과 당위성까지도 부여했다.

1945년 해방 후에도 『일본서기』의 날조 역사를 어버이처럼 떠받

드는 강단사학자[70]들은 일제 식민학자 아유카이 후사노신, 쓰다 쇼이치, 이마니시 류, 쓰에마쓰 야스카즈 등이 주장한 낭설을 그대로 베낀 그들의 논문으로 가야국 강역사(疆域史)를 또다시 왜곡하여 날조했다.

한반도 영·호남 지역이 임나 7국[71], 임나 10국, 임나 4현 땅이고 서기 369년에 바다를 건너온 왜(倭)가 신라를 쳐부쉈다 하고서는 앞뒤 문맥도 맞지 않게 가야국을 평정했다며 '임나일본부(가야국=임나) 설치와 통치'라는 황당무계한 허튼소리(허구:虛構)로 도배했다.

역사 매국 사학은 2010년 한·일 역사공동위원회 발표에서 '임나일본부'는 없었고, 또 그것을 극복했다고 지금껏 주장해 왔다.[72]

그들이 말하는 '임나일본부설 폐기와 극복'이란 결국 '일본부' 용어만 빼고 '임나'라고 칭한다는 뜻으로, 지금까지 용어에 익숙하지 않은 일반 시민들을 속여 온 셈이다.

문재인 정부는 가야국사(伽倻國史)의 바른 정립을 지시했는데도 역사 매국 사학은 해방 이후 80년 동안 일제의 조선총독부 황국사관인 '한반도 임나설(가야국=임나)'을 추종하며 논문과 책을 써 왔다.

그것을 바탕으로 2021년 유네스코 세계유산에 등재 신청서를 제출했고, 확정을 거쳐 국제적인 공인까지 받으려는 음흉한 일까지

---

70) 일명 '친일 강단 식민사학자 혹은 역사 매국노'라고도 한다. 끈끈하게 카르텔을 형성하여 대학 '교수'라는 직분으로 몇몇 기자와 한통속이 되어 『일본서기』의 일제 '식민사학'을 어버이 모시듯 섬겨 추종하며, 특히 고대 가야국사(伽倻國史)를 난도질하듯 팔아먹은 자를 칭한다.
71) **비자발-창녕, 남가라-김해, 탁순-대구·창원, 록국-경산, 안라-함안, 다라-합천, 가라-고령**
72) https://youtube.com/shorts/Fxe_HgCl5jU?si=QNWu9TRpXT9SAQAX

시도했다고 본다.

하지만 세계유산위원회의 최종 등재 결정문은 합천을 '다라국', 남원을 '기문국'이라는 한 정치체 국명(國名)을 삭제하는 것과 가야국 건국을 서기 3세기 말에서 서기 1세기로 정정하여 유네스코 세계유산으로 등재를 확정하였다!

금관가야는 역사 매국 사학이 왜곡하여 일반화시킨 허튼소리 용어다. 가야 관련 1차 문헌 사료들 기록을 샅샅이 찾아봐도 '금관가야(金官伽倻)'라는 표기 자체가 없다.

일제 식민학자들 낭설을 그대로 베껴 해방 이후 지난 80년 동안 역사 매국 사학이 '전문가 영역, 학문적 영역, 학계의 정설, 학계의 통설'이라며 조작해 온 용어다. 국보 1차 문헌 사료인 『삼국사기』 기록에는 '가야국·금관국'으로, 『삼국유사』 기록에는 '가락국·대가락'이라고 표기되어 있다.

1차 문헌 사료와 고고 유물에 분명히 기록된 사실은 금관가야가 아니라 '가락국·가야국·금관국·대가락'이다.

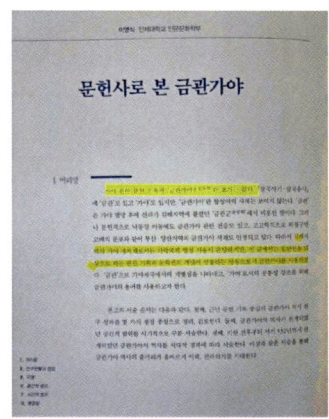

이영식이 실토한 '문헌사로 본 금관가야'.[73]

---

73) 이영식, 「가야각국사」, 금관가야·가락국사, 국립가야문화유산연구소, 2025, 머리말.

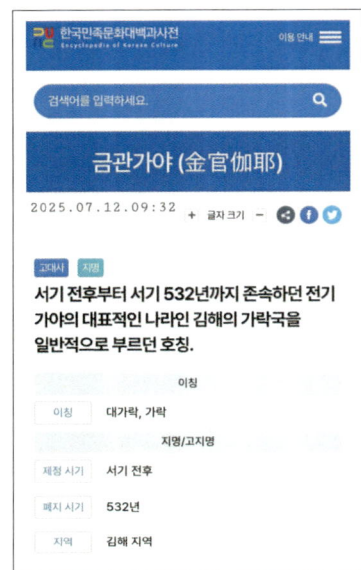

인터넷상의 모든 기록에 오용되고 있는 용어들

184   날조한 역사, 지워진 진실들

우리가 일상생활에서 잘못 사용하고 있는 대표적인 용어로 무령왕릉이 아니라 '무녕대왕릉'이며, 광개토왕이 아니라 '광개토태왕'이다.

또 '일본'이라는 국명 용어를 서기 670년 이전을 말할 때는 왜국(倭國)[74]·왜구·왜적·왜인이다. 그 이후부터는 일본으로 그 뜻은 일찍 '해가 뜨는 곳'이라는 한자를 차자(借字)한 백제어이다.

그리고 **'천황'이라는 용어는 720년 이후를 말할 때는 맞지만 그 이전을 말할 때는 '왜왕'으로 가야 왜(倭)와 백제 왜(倭) 왕**을 일컫는다.

또한 국사·국어[75]는 아니라 한국사고, 한국어, '우리말·우리글'이라고 그 의미를 정확히 알고 써야 한다.

---

74) 『三國史記』卷第六 新羅本紀 文武王 十年, 十二月, 土星入月. 京都地震. 中侍智鏡退. 倭國更號日本, 自言近日所出以爲名.
75) 대일항전기 조선총독부 직속 조선사편수회에서 만든 「尋常小學國史補充敎材」 아동용 1, 2권과 「尋常小學日本歷史補充敎材敎授參考書」 1, 2권에 '국사'의 '국'은 '일본'을 지칭하는 말이다.

2.
『김해시사』 제2권이 삭제 폐기된 이유

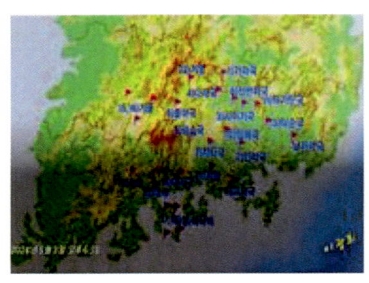

김해시청에 게시한 임나 제국 　　『경상남도사(慶尙南道史)』에 수록된 임나 제국

'김해시사(金海市史) 제2권 삭제 발간의 당위성에 대해 언급하고자 한다.

'김해시사'를 편찬하면서 가장 큰 문제 가운데 하나는 시(市) 발간 관찬 역사서의 성격이 '통사(通史)'라는 것을 인지하지도 못했다는 사실이다. 개인의 '연구 성과'라는 미명으로 서로 간에도 틀린 내용을 실어 집필자들 상호 간에도 일관성이 전혀 없는 자료집에 불과하다.

김해시의 지역성·역사성·정체성에 부합하는 큰 줄기의 역사적 사실을 바탕으로 각 분야를 꿰뚫어 보고 한두 권으로 서술되어야 하고, 그 외 나머지는 김해시사의 '연구 자료집'으로 하면 된다. 가야국 건국도 서기 42년으로 끝내면 될 걸 '개관' 편에다 12명의 어쭙잖은 주장을 실어 혼란만 불러일으켰다. 이는 '시사 편찬'이라는 궁극적인 성격과 큰 의도에도 완벽히 배치된다.

날조한 개인 생각과 주장으로 김해시 관찬사(史) 편찬은 중단해야 하며, 김해시사 제2권에서 '이영식·김태식·백승충·백승옥·조원영·남재우·이근우·이연심이 쓴 글은『일본서기』에만 나오는 '한반도 임나설(가야국=임나)' 관련 기술로써 아주 촘촘하게 끼워 넣기 수법으로 서술해 놓았다.

글 문맥과 기승전결, 육하원칙에도 맞지 않게 '끼워 넣기'로 서술한 내용은 삭제해야 했다. 이제는 시민들이『일본서기』에만 있는 한반도 임나설이 어느 곳에 어떤 형식과 내용으로 어떻게 왜곡·조작·날조하여 서술해 놓았는지를 다 찾아냈다.

그 용어 서술을 한반도의 '경상도와 전라도' 지역에 비정(비교하여 정함)하지 않고, 그 용어 위치를 고대 '대마도와 규슈, 왜(倭) 열도' 안에 비정하면 문제될 게 하나도 없다. 그 내용들만 빼 버리고 읽어 보면 너무 쉽게 이해할 수 있고, 더 빨리 잘 알 수 있다.

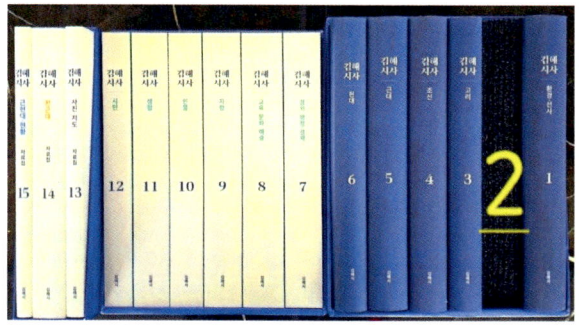

양측 간의 오랜 논쟁과 2024년 11월 11일 김해국립박물관 대강당에서 열린 학술토론회를 거쳐 2024년 12월 3일 김해시 시사편찬위원회는 『김해시사』 제2권을 삭제하고 최종 발간하기로 확정하였다.

3.
'다물'과 단군조선 국

'다물(多勿)'은 고구려어로 '옛 땅을 회복함(고토 회복의 뜻을 가진 고구려말)'을 의미하며, 고구려국 국시(국가 기조)였다.

국강상광개토경평안호태왕(광개토태왕) '고담덕'은 정복 군주이며, 경세 군주로서 영락이라는 연호를 썼다.

그리고 '#' 문양은 고구려국 광개토태왕이 이끄는 '개마무사'[76] 군단을 나타내는 상징 문양이었다. 경주 호우총에서 발굴된 호우 바닥에도 # 문양이 있다. '하박(백)지손 일월지자 추모성왕(출처: 모두루 묘)'이 이끄는 개마무사 군단의 상징 # 문양은 '물의 신', '백두산 천지'를 상징한 것이다.

---

76) 개마무사는 갑옷을 입은 말을 탄 철갑 기병을 의미하며, 고구려국·신라국·가야국 등 고대 한반도 국가에서 운영된 중장기병을 지칭한다. '개마(鎧馬)'는 갑옷을, '무사(武士)'는 전사를 뜻하며, 철로 무장한 기병이라는 점에서 중장기병과 동의어다.

경주 호우총 출토 청동 '광개토태왕' 명칭과 '상징 문양'이 양각된 호우 보물(높이 18.5cm, 폭 23cm, 국립중앙박물관 소장)로, 1946년 해방 후 최초 고고학 발굴인 호우총(140호)에서 출토된 유물이다. 그릇 바닥에 '을묘년(乙卯年) 국강상(國罡上) 광개토지(廣開 土地) 호태왕(好太王) 호우십(壺杅十)', 4줄 16자 명문이 새겨진 청동 그릇이다. 이 이름을 따서 무덤 이름을 '호우총'이라 부른다. 을묘년은 광개토태왕이 사망하고 3년이 지난 415년(장수대왕 3년)이다. 이 그릇은 광개토태왕 사후에 있었던 제사 때 만들어진 제기의 하나로, 그에 참여하였던 신라 출신의 유력인에게 증여되었던 것으로 보인다.

광개토태왕릉비와 같은 전서체로 새겨져 있어 제작 시점이 명확한 명문 내용으로 매우 중요한 유물이다.

고구려국 강역(疆域)이 동쪽으로는 동부여, 서쪽으로는 거란과 후연, 북쪽으로는 북부여와 숙신, 지두우, 남쪽으로는 백제국·신라국·대마도와 규슈, 왜 열도까지 복속시켰다.

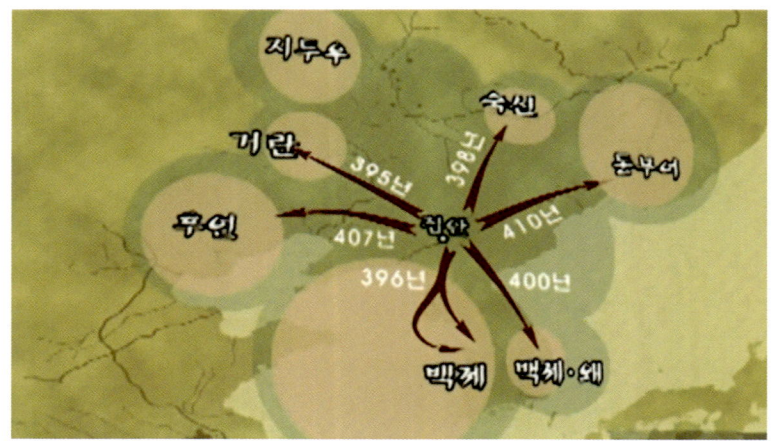

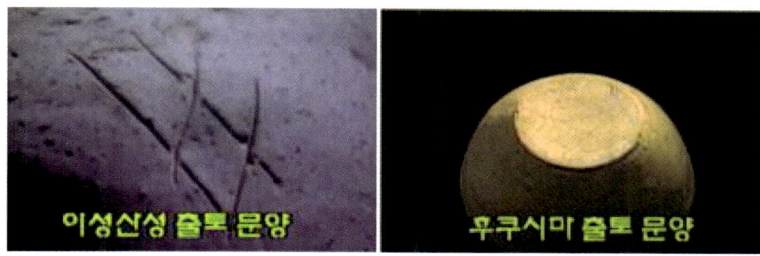

직접 지배가 아닌 형태의 고구려국 천하관을 동북아시아에 떨치고 남긴 1차 문헌 사료와 유물·유적으로 입증됐다.

문헌에서 '조선'은 여러 가지 다른 뜻으로 지금까지 분별없이 해석해서 많은 혼란을 일으켜 왔기 때문에 1차 문헌 사료에 보이는 '조선 용례'의 사실을 확인하여 사료를 읽을 때 조선은 '어떤 조선이 어느 곳에 있었는지'를 알아야 한다.

단국조선 국은 일반적인 용어로 사용하는 것에서 기자조선(箕子朝鮮)은 기자정권(箕子政權)으로, 위만조선(衛滿朝鮮)은 위만정권(衛滿政權)으로 바꿔야 하고, 기자·위만 정권은 단군조선(고조선)을 전승한 후에 세력도 아니다.

이들의 정치권력 위치는 하북성의 북경과 진황도시가 있는 유역으로 단군조선 국의 서쪽 변경 지역으로 한(漢)이 설치한 한(漢) 4군의 낙랑군(樂浪郡)이 고조선의 중심에는 위치하지도 않았다는 사실이다.

3개 정권이 차지한 그곳은 모두 단군조선 국의 서쪽 변경에 위치하였고, 고조선의 말기에는 함께 병존했다.

기자정권(箕子政權)의 준왕은 후기 고조선의 변방 거수(渠帥-諸侯)였지만, 위만정권(衛滿政權)은 서한[西漢=전한(前漢), 도읍(都邑) 장안(長安)이 후한 도읍(後漢都邑) 낙양(洛陽)의 서쪽에 있었기에]의 지원을 받아 고조선과는 대치했던 세력이다.

위만정권(衛滿正權)을 고조선 강역에 포함하거나 위만정권(衛滿正權)과 한사군(漢四郡)을 고조선의 뒤를 이은 정치체로 한국 고대사 안에 체계화하는 우(愚)를 범해선 안 된다.

한사군(漢四郡)은 한(漢)의 영토였다. 고조선을 기자정권(箕子正權)으로 본 것은 조선 후기 유학자(儒學者)들의 중국 사대 모화사상(慕華思想)에서 비롯된 것으로, 문헌과 고고 자료에 대한 인식 부족과 그 시대 정치적 상황 고려로 일어난 것이다.

고조선을 '옛 조선'이란 뜻으로 보통명사화 하면서 고대 단군조선

(壇君朝鮮) 국을 '기자조선(箕子朝鮮) → 위만조선(衛滿朝鮮) → 한사군(漢四郡-낙랑군·임둔·진번·현토)' 등의 순서로 체계화한 것은 한국 고대사의 연구가 축적되지 않은 상황에서 해방 후에 반민족행위자 이병도와 신석호가 '일제 식민사관'을 전승시켜 일어난 심대한 오류다.

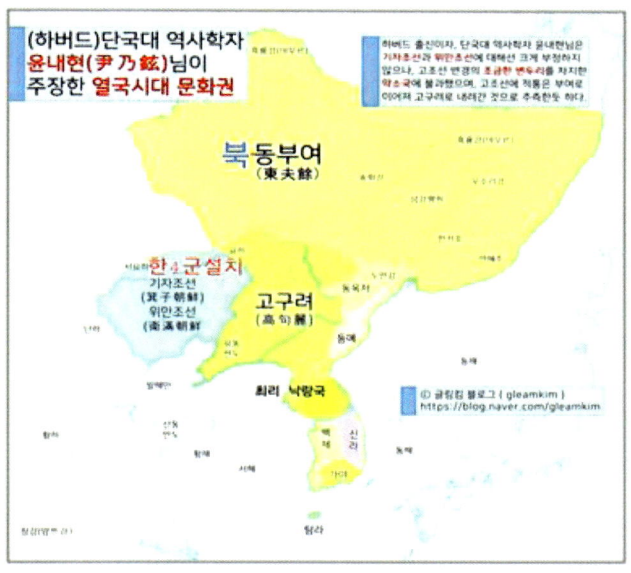

기자정권(箕子政權), 위만정권(衛滿政權), 한(漢)의 낙랑군(樂浪郡: 수성현, 장잠현, 조선현(朝鮮縣) 등을 포함한 25개 현)은 모두 동일한 영역으로 단군조선(壇君朝鮮) 국의 서부 변방(하북성의 북경과 난하 유역)에 위치했다. 이들의 상호 교체는 단군조선 국의 서부 변방에 있었던 거수(渠帥-諸侯)의 변경으로 일어난 사건이었다.

이들은 단군조선 국의 뒤를 잇지 않았을 뿐만 아니라, 성격도 다르다. 단군조선 국은 중국 하북성(북경) 과 난하 유역부터 만주와 연해주, 한반도를 포함하여 토착인들을 이끈 47대에 이르는 단군이 건국한 나라였으며, 위만정권은 연나라 출신의 '위만'이 기자정권(渠帥)의 준왕 때 망명한 후, 그를 몰아내고 세운 한(漢)나라의 위성 정권이다.

기자조선은 단군조선 국의 거수국(渠帥國)이었고, 한(漢)의 위만정권은 단군조선과는 대립해 있었다.

그리고 낙랑군은 중국 서한(西漢)의 행정구역으로 성격이 전혀 다르고, 단군조선 국과는 계승 관계에 있지도 않았던 것을 '고조선' 명칭에 포함한 것은 옳지 않다.

기자정권은 단군조선 국(고조선)의 거수(제후)국으로 고조선의 일부 지역으로서 언급이 돼야 하고, 위만정권이 고조선에 포함돼 고대 한국사의 주류로 언급되는 것 또한 전혀 사실과 맞지 않는 것이다.

'고조선'이라는 용어는 고려국 국사(國師) 일연(一然)이 『삼국유사』에서 맨 처음 사용한 것으로 '단군조선'만 고조선이라고 했다.

더 이상 혼란을 없애기 위해 고조선은 일연이 『삼국유사』에서 사용했던 단군조선 국에 대한 명칭으로만 사용하는 게 옳다.

단군조선 국의 국명이었던 '조선'의 유래에 대해서는 여러 견해가 있으나, 이병도(李丙燾)의 '아사달 설'이 가장 설득력이 있어 단군조선 국에서는 도읍을 '아사달'이라 하여 '아사'는 아침을 뜻하고, 달은 '땅'을 뜻한다.

아사달은 '아침 땅'이라는 뜻으로 도읍 명(名)이 바로 국명이 되었으며, 한자화하면서 '조선(朝鮮)'이라 했을 것이다.

고조선을 세우는 데 중심을 이루었던 고을 나라의 이름이 '아사달'로 고을 나라가 하북성(북경) 난하 유역부터 만주와 연해주, 한반도 여러 고을 나라들을 복속시켜 고조선을 건국한 후에도 중심지인 도읍은 '아사달'이라 불렀을 것이고, 이것이 국명으로 한자를 빌려서 쓴 게 '조선(朝鮮)'이 되었다고 본다.

그리고 대표적인 표식유물이 비파형 동검, 고인돌, 다뉴세문경, 미송리식 토기이다.

4.
대신라국·대진국을 이은
고려국·조선국의 북쪽 경계

대신라와 대진국(발해)의 경계는 어디인가? 현행 한국사 교과서 8종은 엉터리로 우리 강역사(疆域史)를 기술하고 있다.

(주)금성출판사의 『고등학교 한국사』 고대 강역사 경계

"거란주가 발해를 공격하여 그 부여성을 빼앗았다. 부여성은 당나라 때 고려(고구려)의 부여성이다. 고려왕 왕건이 나라를 세웠을 때, 혼돈 강을 경계로 하여 지켰으나 혼동강의 서쪽은 진출하지 못하였다. 옛 부여성은 발해국에 속하였는데, 혼동강은 곧 압록수이다."(『자치통감』권 제275)

이 기록을 보면 고려가 건국할 당시 거란과의 국경은 혼돈강(混同江)이다. 혼돈강을 삼수변 '록' 글자의 '압록수(鴨淥水)'로 표현하였는데, 만주 지역에서 요서 유역과 요동 유역을 가르는 이 강은 서희의 강동 6주 담판의 기준이 된 요하로서, 실사 변 '록' 글자의 지금 압록강(鴨綠江)이 아니다.

혼돈강이 '압록수'라는 것은 두 강이 하나일 가능성과 남만주 지역 수계도로 보아 두 강이 하나로 합쳐진다는 것으로 동요하 혹은 송화강 유역으로 추정된다.

고려를 건국한 뒤 두만강 북쪽 700리 지역을 동계의 삭방도(朔方道)에 포함하여 관리하였다고 한다. 그러나 여진의 반란과 공격으로 위태해지자 여진을 정벌하고 세운 것이 윤관의 9성이다.

1119년 고려 예종이 하얼빈 지역의 여진 왕인 금나라 아골타에게 보낸 조서에 "하물며 저 근원이 우리 땅에서 시작되었다"라고 한 것을 보면 지금의 흑룡강성 일부까지가 고려의 영토였다.

> "철령 이북은 삭방도가 되고, 이남은 강릉도가 된다. 고려 때에 혹 삭방도, 혹 강릉도, 혹 합쳐서 삭방강릉도, 혹 강릉삭방도, 또는 연해명주도라 불렀다. 한 번 나누고 한 번 합침에 따라 비록 연혁과 명칭은 같지 않지만 고려 초로부터 말년에 이르기까지 공험 이남에서 삼척 이북은 통틀어 동계라 일컬었다."(『고려사』 지리지 2 동계)

이 기록을 보면 고려의 동계는 고려시대 내내 두만강 북쪽 700

리에 있었던 공험진에서 남으로 강원도 삼척까지임을 알 수 있다. 『고려사』 열전 제9에 "윤관과 오연총이 동계에 이르러 장춘역(長春驛)에 병사를 주둔시켰는데 무릇 17만으로, 20만으로 칭했다."

『고려사』 지리지에서 삭방도에는 42개 역이 속해 있는데, 이 중의 한 역이 장춘역이다. 지금의 장춘은 중국 길림성의 성도다. 철령 이북 삭방도에 설치된 역으로 철령에서 함흥까지에 이 역이 있을 수 없다는 것은 누구나 알 수 있다.

함흥까지를 동계로 한 고려 국경이 될 수가 없음은 상식인데도 상식이 통하지 않는 역사를 지금까지 교육하고 있다.

(주)금성출판사의 『고등학교 한국사』 고려국 경계

『고려사』 권3 세가3 성종 10년(991년) "압록강 바깥의 여진족들을 쫓아내 백두산 바깥에서 살게 했다(逐鴨綠江外女眞於白頭山外居之)"에서 압록강 바깥에 사는 여진족들을 백두산 바깥으로 몰아냈다는 이 기록은 서희 장군이 강동 6주를 획득하기 이전 기록이다.

현 고등학교 한국사 교과서에 나오는 지도상에서 고려의 영토는 백두산까지 미치지도 않지만, 이 기록을 보면 1차 고·여 전쟁 이전에도 고려의 영토는 현재의 압록강과 백두산 이남을 모두 차지하고 있었다.

1124년 고려로 북송의 사신으로 왔던 서 긍은 『고려도경(高麗圖經)』에서 "고려는 남쪽으로는 요해(遼海)로 막히고, 서쪽으로는 요수(遼水)와 맞닿았으며, 북쪽으로는 옛 거란 지역과 접경하였고, 동쪽으로는 금과 맞닿아 있다."라고 하였다.

요해(遼海)는 요하가 흘러 들어가는 발해만이고, 요수(遼水)는 요하를 지칭한다.

현 압록강에서 요하까지, 요동 반도를 포함하는 요동 전역이 고려국의 '영토'라는 것이다. 이성계도 "고려의 북계는 여진, 달달, 요심(遼瀋)과 맞붙어 있다"라고 하였다(北界與女眞達達遼瀋之境相連). 여진은 여진족이 살았던 길림성과 흑룡강성 일부, 달달은 몽고 지역으로 원나라의 강역, 요심(遼瀋)은 요양과 심양을 의미한다.

1397년 조선 태조 이성계와 정도전은 요동 정벌 계획을 수립하였으나, 태종 이방원에 의해 무산이 됐다. 고려국 강역은 현 연해주에서 흑룡강성 일부와 길림성을 지나 요녕성 요하 동쪽에 있었다. (『경상남도사』 147쪽)

〔3년(481)〕 3월에 고구려가 말갈과 함께 북쪽 변경에 쳐들어와 호명성(狐鳴城) 등 7성을 빼앗고, 또한 미질부(彌秩夫)로 진군하였다. 우리 군사는 백제·가야의 구원병과 함께 길을 나누어 막으니 적이 패하여 물러갔다. 이하(泥河) 서쪽까지 추격해 물리치고 1천여 명의 목을 베었다.

역사 매국 사학은 '니하(泥河)'를 현 남한강 상류와 강릉 혹은 삼척 일대에서 동해로 들어가는 하천이라고 주장한다. 이는 일제 식민학자 세키노 타다시(關野貞)의 낭설을 추종한 것이다.

1차 문헌 사료에 나오는 대신라국·고려국·조선국 강역사 경계에 대해 알아본다.

중국 〈백도백과(百度百科)〉에 기록된 '니하(泥河)'는 송화강의 2급 지류이고, 호란하의 1급 지류로서 옛날에는 호하(濠河)'라고 불렀다.[77]

'대니하(大泥河)'는 송화강 우안의 3급 지류로서 상지시 서남부와 오상현 동부에 위치하고, 장광재령 서쪽 상지시 경내에서 발원해 동남쪽에서 서북쪽으로 향하다가 상지시 노가기향에서 북쪽으로 꺾어져 서쪽으로 향하다가 오상현 광향 경내로 들어간다. 소위 사하를 돌은 후에 맹우하로 들어가는데 모두 81km이다.

---

77) 泥河是松花江二級支流, 呼(瀾?)河一級支流古濠河

철령·쌍성·화주는 같은 곳이다. 화주는 1258년 '조휘'와 '탁청'이 만주 지역을 '원나라'에 갖다 바친 곳으로, 고려국 공민왕이 1356년에 수복한 '요동 철령'이다.

'함경남도 안변'은 철령·쌍성·화주가 절대로 될 수가 없다! 또 윤관 장군이 여진 정벌 후 동북 9성을 확보하고 '고려지경(高麗之境)' 경계비를 세운 곳은 선춘령·공험진이다.

여러 1차 문헌 사료(『고려사』, 『세종실록지리지』 함길도, 원사, 명사)에 기록으로 입증된 고려국·조선국의 국경선은 한반도 안이 아니라, **서북은 압록강 북쪽 600리 심양·철령, 동북은 두만강 북쪽 700리 선춘령·공험진이다.** 당연히 서희가 외교 담판으로 획득한 강동 6주가 위치한 곳도 한반도 내부가 아니라, 요녕성 요양과 심양 만주 지역이다.

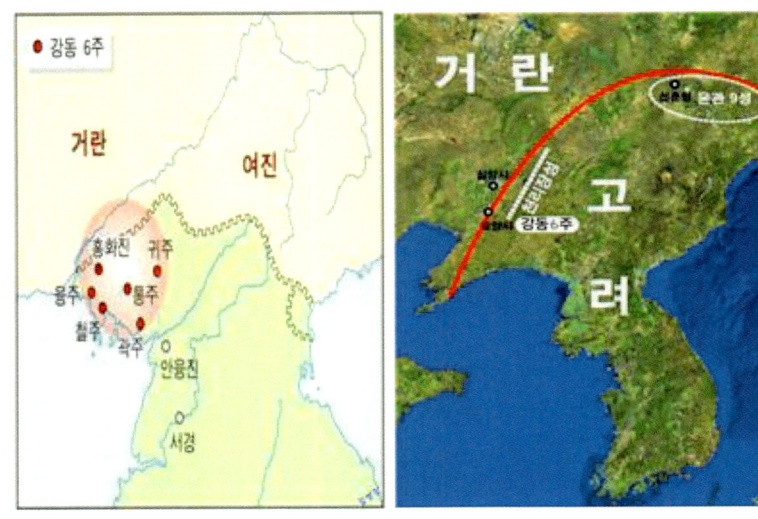

현재 교과서 천리장성과 국경선 　　　올바른 강동 6주 위치와 국경선

5.
문헌 사료와 유물이 입증한 한(漢) 4군의 낙랑군 위치

1차 문헌 사료와 고고 유물이 최근에 발굴됐고, 한(漢) 4군 가운데 낙랑군의 위치는 모두 북경·난하 유역인 것으로 밝혀졌다.

문헌 사료

① 『漢書』「薛宣 열전」師古曰: 樂浪屬幽州
  낙랑은 유주(현재 북경)에 속해 있다.
② 『後漢書』光武帝紀 '樂浪, 郡, 故朝鮮國也, 在遼東
  낙랑군은 옛 조선국이다. 요동에 있다.
  (현재 요동이 아니라, 하북성-지금의 북경·난하 지역이다.)
③ 『後漢書』崔駰列傳, 長岑縣, 屬樂浪君, 基址在遼東
  장잠현은 낙랑군에 속해 있는데, 그 땅은 요동에 있다.
④ 『史記』「夏 本紀 太康地理志」樂浪遂城縣 有碣石山 長城 所起
  낙랑 수성현에 갈석산이 있으며, (만리)장성이 일어나는 기점이다.

위의 1차 문헌 사료와 함께 서기 539년 4월 17일에 사망한 '낙랑

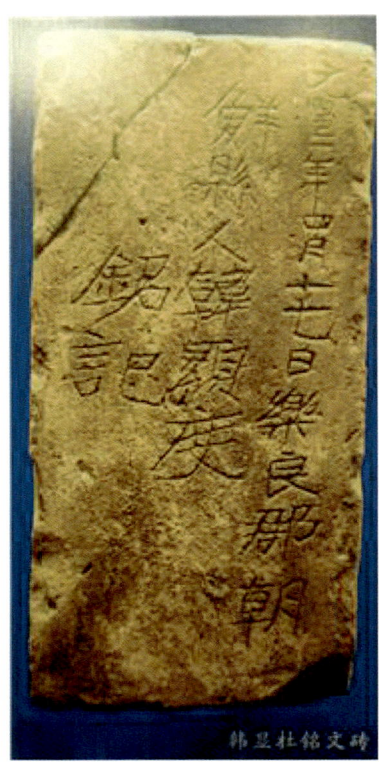

4월 17일 낙랑군 조선현 사람 '한현도' 명 비. '북경시 대흥구 박물관' 촬영. [한가람역사문화연구소 동계 답사, '잃어버린 선조 동이족을 찾아서', 2024.1.4.~13]

군 조선현 사람 한현도(韓顯度)' 무덤 지석이 '북경'에서 발굴되었고, 이것은 서기 539년까지도 낙랑군이 존재했다는 명백한 물증이다!

한국문화대백과사전, 위키피디아, 나무위키, 네이버 등 대한민국의 모든 소셜네트워크 기록 설명은 한나라가 설치한 낙랑군이 '기원전 108년 ~ 서기 313년 멸망'으로 서술했는데 바꿔야만 한다. 한사군의 낙랑군 위치는 지금의 '북한 평양'은 절대로 될 수가 없고, 중국 하북성의 '북경·난하 지역'이다.

유물·유적

① 1976년 12월 8일 평남 강서군 덕흥리에서 발견됐다. 덕흥리 벽화 무덤 안 정면에는 영락18년(408)에 건립되고 고구려국의 '소대형'이라는 관등과 유주자사를 지냈던 '진'을 14행 154자를 종서를

따라 써 내려간 기록으로 묘지명(墓誌銘)이 있다.

널방 입구 왼쪽의 벽화 '태수래조도(太守來朝圖)'에는 13명의 인물마다 직명과 짧은 설명을 묘사했다.

낙랑·현토·대방·요동·요서·창려·북평 태수들이 통치한 지역이 한반도 내의 현 '북한 평양'이 아니라, 지나(CHINA)의 하북성 북경 유역이라는 1차 문헌 사료와 고고 유물·유적으로도 입증이 다 됐다.[78]

고구려국의 소대형 관작과 유주자사 '진'을 밝힌 덕흥리 벽화고분 묘지명

---

78) https://youtu.be/-80Re2lUWaI?si=KDZJrBna8YIXSwXY 41:25

② 17세기에 성호 이익은 '요동설'을 주장했고, 중국 사대 모화사상에 물든 한백겸과 18·19세기 유득공·정약용··한진서 등은 낙랑군 중심지가 북한의 '평양'이라고 주장했다.

대일항전기(일제강점기) 일제 식민사학자들(쓰다 소키치 등)은 '한백겸, 유득공, 정약용, 한진서' 등의 주장을 찾아 간교하게 한(漢) 4군의 낙랑군 '한반도 평양설 혹은 낙랑군 평양설'로 고착화시켰다.

해방 후 이병도와 신석호를 추종한 역사 매국 사학이 이 논리를 그대로 베끼고 지금껏 우려먹어 왔다. 지금까지 역사 매국 사학은 낙랑군의 위치로써 '북한 평양설'을 따르고 있다. 그러나 1차 문헌 사료와 유물·유적, 그 근거는 하나도 부실하기 짝이 없다.

최근에 연구 발표된 논문은 중국 '만주 요동설'과 '하북성의 난하 유역 요서설'이 연구 발표됨에도 불구하고 대일항전기 쓰다 소키치가 한(漢)이 설치한 4군을 한반도 안으로 밀어 넣었고, 낙랑군을 '북한 평양설'로 주창한 이래 그 낭설을 해방 후 80년이 됐는데도 아직도 그대로 추종하고 있다.

6.
낙동강(洛東江)과 망산도의 위치

낙동강 유역

지형적으로 가락국 동쪽에 위치하기에 유래된 지명이 낙동강(洛東江)이다. 영남 전역을 유역으로 한반도에서 압록강과 두만강 다음으로 길다. 강원도 태백 화전동 매봉산의 천의봉 '너덜샘'이 발원지이고, 황지연못에서 용출된 후 구미·창녕을 지나 부산으로 흐르는 길이 510km이고, 유역 면적은 23,384㎢이다.

옛날에는 내륙 교통의 동맥(고속도로)으로 강변을 따라 하단·구포·삼랑진·수산·남지·현풍·왜관·낙동·풍산·안동 등 선착장이 발달했던 가항 거리는 343km로, 한반도 고대 가야국 건국과 발전 대동맥이었다.

망산도 위치

『삼국유사』「가락국기」에서 허황옥의 신혼 길에 나오는 '망산도' 위치는 조선시대까지는 '만산도(滿山島)'로 불리던 섬으로, 진해구 용원동과 가덕도 사이에 있었다. 그 후 부산 신항만 매립 전에 견마도(牽馬島: 조선시대 만산도)라 불린 섬이 곧 망산도이다. '견마도(牽馬島)'라는 지명은 국립지리원 지도에 나오는 명칭이고, '만산도'는 『신증동국여지승람』과 『웅천현 읍지』와 『웅천현 지도』에 있는 섬이다.

이 만산도에서 관측하면 정확히 서남쪽 가덕도 좌측 끝 모퉁이에서 배가 연안을 따라 올라오면 갑자기 배가 나타나는 것처럼 보인다.

「가락국기」에서 "갑자기 바다 서남쪽 모퉁이에서 붉은 돛을 단 배가 천기를 휘날리면서 북쪽을 향해 있었다. (忽自海之西南隅 掛緋帆 張茜旗 而指乎北)."라고 한 것과 부합되며, 배가 북쪽에 있는 유주비각으로 향하면 관측된 배의 방향이 일치한다.

이 만산도에서 관측하면 가덕도를 앞에 두고 동남쪽 바다와 서남쪽 바다가 뚜렷하게 조망되며, 육지에 있는 승점과 통신도 더없이 좋은 장소이다. 국립지리원 지도에 나오는 '말무섬'은 망산도가 아니라, 조선시대의 '만산도'이자 현재의 견마도가 망산도이다.

망산도 = 만산도 = 견마도

망산도는 조선시대까지는 '만산도(滿山島)'로 불리던 섬이다. 현존하는 '파사석탑', 그리고 가야국 건국을 밝혀 주는 고령 지산동 고분군에서 발굴된 '흙 방울 토기'와 도명 스님의 논문인 「허황옥 신행길의 새로운 고찰」(- 황옥의 가락국 도래 경로 및 용어 고찰), 『역사와 융합』(제8집, 2021, 6, P41.) 주장에 대한 그 반론이 역사 매국 사학에서 어서 제시되기를 바란다!

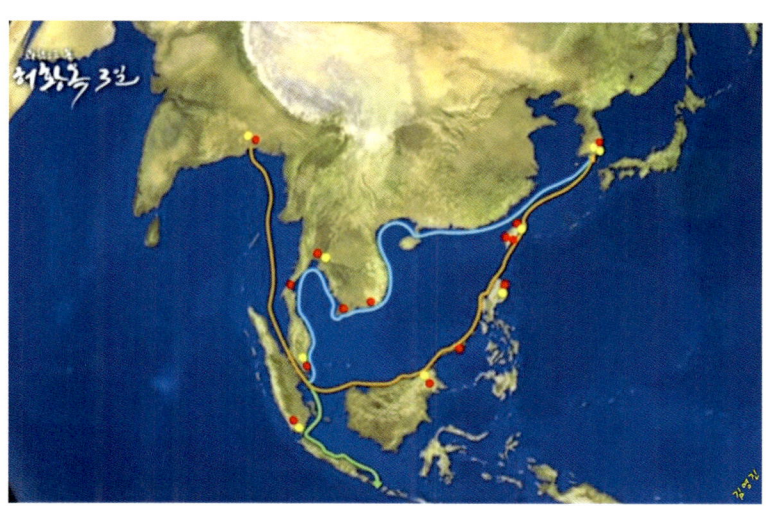

7.
허황옥은 만들어진 신화인가?

서론[79]

김태식과 이광수는 허황후 신화가 7~8세기에 만들어졌고 금관 지주사가 '개황력'을 쓸 당시 몇몇 요소를 추가해 신화 형태를 갖췄으며, 일연의 『삼국유사』「가락국기」에 들어가게 되었다고 주장한다. 이들의 주장은 근거가 없고 추론만 있다.

당시 인도의 항해 기술과 기록들, 서기전 2세기에 주조된 2개의 '돛대'가 새겨진 동전 등은 인도의 활발한 해상 무역을 말하고 봉황동에서 출토된 '선실 칸막이 격벽'은 가야국의 항해 기술을 보여준다.

『삼국유사』의 기록은 허황후가 해상을 통해 가락국에 도래했음을 말해준다. '파사석탑'과 '김해 명월사 사적비' 명문은 허황후 도래와 가락국 불교(소승불교) 전래를 알려 주는 구체적인 증거물이다. '서기 144년 3월에 명월사 창건'이라고 명시하고 있다.

또 민중들 속에서는 김해 김씨와 김해 허씨 유래담을 통해 김수

---

79) 김명옥, 「허왕후는 만들어진 신화인가」, 『역사와 융합』 제17집, 2023, p113.

로대왕과 허황후가 그들의 선조로 전승되고 있다. 기록과 유물들, 민중의 기억은 모두 허황후가 서기 48년에 가락국에 도래했다고 말하는데, 김태식과 이광수, 백승충 등은 서기 48년에 '허황후 도래'를 부정한다. 그들이 허황후 실존성을 부정하는 근본적 이유는 '한반도 임나설(가야국=임나)·임나일본부설'을 주장하기 위해서다.

'가야국=임나'가 되려면 가야국 42년 건국은 절대로 안 되고, 48년에 허왕후가 도래해서도 안 되는 것이다. 허황후 도래를 인정하면 가야국 왕세계(王世系)와 가야국 불교도 인정해야 하기에 '가야국=임나'설은 설 자리가 없어지게 된다.

『삼국유사』 권 제2 기이 편 「가락국기」 문헌 사료로 허황옥의 가락국 도래 경로와 용어 고찰로 역사 매국 사학이 주장한 허구를 밝힌다.

본론[80)]

아유타국 공주 허황옥이 서기 48년 가락국 수로대왕과 혼인하기 위해 먼바다를 항해, 가락국 도착 과정에 망산도(望山島), 승점(乘岾), 주포(主浦), 기출변(旗出邊), 능현(綾峴). 왕후사(王后寺) 등의 명칭이 「가락국기」에 처음 나온다.

「가락국기」 현장 고찰 결과, 망산도는 오늘날 국립지리원 지도에 가덕도와 진해구 용원동 사이 견마도(牽馬島)로 표시한 곳이 **'망산**

---

80) 도명스님, 「허왕옥 신행길의 새로운 고찰」, 『역사와 융합』 제8집, 2021, p41.

도'이다.

주포는 창원 진해구 가주동의 주포마을이다. '김해 명월사 사적비'의 진국사(鎭國寺)는 부산 강서구 지사동 명동마을의 흥국사(興國寺)가 아니라, 주포와 연접한 옥포마을 뒷산, 부산시 강서구 송정동 산20번지로 추정된다. 「가락국기」 허황후는 자신의 출신지를 명확하게 말하고, 신화화할 수 없는 사실 정황이 여러 곳에 보인다.

『삼국유사』의 김수로대왕 존재와 허황후 도래를 아주 황당무계한 신화로 치부하는 일부 역사 매국 사학의 주장은 현재 김해 김씨와 허씨, 인천 이씨 성을 가진 500여만 명은 뿌리가 없는 존재가 된다.

1. 가락국과 허황후 도래(到來) 경로(經路)의 지리적 환경

허황옥 공주가 아유타국(阿踰陀國)을 떠나서 수로대왕에게 시집오느라 배를 타고 먼바다를 항해하여 가락국 경내에서 처음 도착한 주포(主浦)마을은 현 창원시 진해구 가주동 마을이고, 공주 일행의 배가 처음 닿은 유주지지(維舟之地)는 망개산과 욕망산 자락에 있다.

2. 허황옥 도래 경로의 지명과 장소

「가락국기」에 허황옥 도착 일자와 경로가 자세하게 기록되어 있다. 후한(後漢) 건무(建武) 24년 무신(戊申: 서기 48년) 7월 27일 수로대왕은 유천간(留天干)에게 왕비가 될 사람을 마중하러 '망산도(望山

島)'에서 기다리게 하고, 신귀간(神鬼干)은 '승점(乘岾: 승재)'으로 가게 했다.

망산도에서 기다리는 유천간 시야에 비단 돛을 단 배가 천기(茜旗)를 휘날리며 서남쪽에서 나타나 유천간이 망산도에서 횃불을 올리자, 배에 탄 사람들이 다투어 육지로 내려왔다는 유주지(維舟址)에 비각이 있다.

또 수로대왕이 '종궐(從闕)' 아래 서남쪽 60보쯤에 만전(幔殿)을 설치하고 황후는 산 바깥 별포 나루터에 배를 맸으며, 육지로 올라와 높은 언덕에서 자기가 입었던 비단 바지를 벗어 폐백 삼아 산신에게 바쳤다고 했는데, 훗날 허황후가 별세한 후 비단 바지를 바친 곳을 '능현(綾峴)'이라고 했다.

허황옥 공주를 수로대왕은 장막 궁전인 유궁(帷宮)에서 맞이 하였으며 또한 유천간이 망산도에서 기다릴 때 갑자기 서남쪽 모퉁이에서 붉은 기를 단 배, 훗날 천기(茜旗)가 들어온 곳을 '기출변(旗出邊)'이라고 했다.

본 고에서 기출변·망산도·유주지·별포 나루터(주포)·승점(승재)·능현·만전(유궁)·종궐을 허황후 도래 경로의 특정 장소로 보고 그 장소를 찾아보도록 하겠다.

3. 망산도(望山島)와 주포 위치에 대한 소론

「가락국기」에서 "망산도는 수도의 남쪽에 있는 섬이다." 하여 망산도 인근에 배를 매어 놓고 뱃사공 내지, 공주 수행원이 내렸던 곳인 현재의 진해구 용원동 산197번지에 유주비(維舟碑)와 유주비각(維舟碑閣)이 세워졌다.

공주(허황후)가 닻을 내리고 처음 내렸던 곳은 뱃사공 내지, 수행원이 내렸던 곳과는 조금 떨어진 '주포(主浦)'라고 한다.

「가락국기」의 원문과 현재의 유주비각과 연계한 뱃사람들이 내렸던 장소와 공주가 내렸던 장소는 일치하지 않는다.

또 『신증동국여지승람』 김해도호부 산천 조에 "명월산은 김해부 남쪽 40리에 있다." 하고, 또 '신증(新增)' 편에 "주포(主浦)는 부 남쪽 40리 지점에 있다. 물의 근원이 명월산(明月山)에서 나와 남쪽으로 흘러 바다로 들어간다." 하였다.

이후에 간행된 모든 『김해읍지』와 『신증동국여지승람』 웅천현 산천(山川) 조에 "주포는 현(縣) 동쪽 30리 김해부 경계에 있다." 하였다.

문헌에서 말하는 주포 위치와 합치될 수 있는 장소는 현 창원시 진해구 가주동 주포마을과 부산시 강서구 송정동 옥포마을이 연접(連接)한 '주포'이다.

그러나 위 문헌 기록과 달리 이정룡의 주장은 서남쪽 10리 정도에 불과한 김해시 풍유동 일대를 '주포'라 하여, 『신증동국여지승람』과 이후의 모든 기록을 부정하며 폐기해야 하는 부담이 따르고, 최헌섭도 문헌을 고찰하였으나 이정룡과 마찬가지로 '전산도'를 망산도로 추정하니, 결론에서는 주포를 비정(比定)할 장소가 없다.

망산도는 공주 일행을 실은 배가 들어올 만한 바닷길을 따라 오고 가는 배를 잘 볼 수 있어야 하고, 배와 쉽게 접촉할 수 있는 섬이라야 하며, 부근 육지에 배를 정박할 나루가 있어야 한다. 현재의 망산도는 관망하기에 적절하지 않다.

그리고 육망산은 섬이 아니기 때문에 망산도가 될 수 없고, '전산도'는 망산도가 되기에는 지정학적으로 부적절하다.

망산도에서 신호 횃불을 보고 공주가 내린 도두촌 나루를 훗날 허왕후가 돌아가신 후 '주포'라고 고쳤다는 기록을 전면적으로 부정해야 하는 무리수가 따른다.

1) 「가락국기」의 망산도

망산도는 조선시대까지는 '만산도(滿山島)'로 불리던 섬으로, 진해구 용원동과 가덕도 사이 부산신항만 매립 전의 견마도(牽馬島: 조선시대 滿山島)가 곧 망산도이다.

'견마도(牽馬島)'라는 지명은 국립지리원 지도에 나오는 명칭이고, '만산도(滿山島)'는 『신증동국여지승람』, 『웅천현 읍지』와 『웅천현 지도』에 있는 섬이다.

이 만산도에서 관측하면 정확히 서남쪽 가덕도 좌측 끝 모퉁이에서 배가 연안을 따라 올라오면 갑자기 배가 나타나는 것처럼 보이고, 가덕도를 앞에 두고 동남쪽 바다와 서남쪽 바다가 뚜렷하게 조망되며, 육지에 있는 승점과 통신하기에도 더없이 좋은 장소이다.

국립지리원 지도에 나오는 '말무섬'은 망산도가 아니라, 조선시대의 '만산도'이자 현재의 견마도가 망산도이다.

2) 망산도와 주포 이외의 지명

(가) 승점(乘岾: 승재)

승점(乘岾)은 승재(乘岾)로 발음이 가능하다. '승재'라 할 때는 고개를 지칭하고, '승점'은 고개 또는 지역 땅 이름을 지칭하게 된다.

승점은 공주가 나중에 산령에게 비단 바지를 바칠 때 내렸던 산 바깥 별포 나루터 입구에 배를 대고 육지에 오른 입구 산언저리 언덕이다.

(나) 유주지(維舟地)

공주가 탄 배 선원들이 다투듯이 육지에 내린 곳은 현재 말무섬 동쪽 유주비각이 있는 지점이다. 또한 별포 나루터 입구 높은 언덕에서도 잘 보인다.

(다) 종궐(從闕)

공주가 구간 환영사를 거절하자, 수로대왕은 자신이 직접 갈 것을 암시하는 뜻으로 "그렇겠구나(然之)"라고 말하고 자신이 직접 관리를 인솔하여 종궐(從闕)로 와서 종궐 서남쪽 60보쯤 되는 곳에 만전(幔殿)을 설치하고 공주를 기다렸다. 종궐이 자리했던 곳은 보배산 아래 주포마을 한 지점일 것이다.

(라) 별포(別浦) 주포(主浦)

별포는 공주가 승점에 오르기 전에 내린 지점으로 산 밖 별포나루 입구라고 했으니, 높은 고개인 승재의 아래쪽인 현 가주터널 부근으로 추정된다. 공주가 배를 처음 댄 곳은 별포 나루터이고, 나루가 포함된 마을을 도두촌(渡頭村)이라 하였는데 오늘날 주포마을이다. 별포에서 공주가 내린 곳이라 하여 '주포(主浦)'가 되었다.

(마) 능현(綾峴)

능현은 공주가 먼 항해 무사 안착에 대해 산령에게 비단 바지로 폐백했다는 곳인데, 헌공 의식을 거행할 만한 공간으로 승점(乘岾)은 고개이다.

(바) 만전(幔殿)

만전은 '유궁(維宮)'이라고도 한다. 수로대왕이 공주를 맞이하기 위해 종궐 서남쪽 60보쯤 아래에 만든 임시 장막 궁전이다. 이 만전 자리에 훗날 서기 **452년 질지왕이 왕후사를 창건**한다.

(사) 기출변(旗出邊)

기출변은 망산도에서 공주의 배가 처음 목격된 바닷가를 말한다. 지도에서 보자면 가덕도 서북단의 동리산(洞理山) 서남쪽 아래에 있는 고직말(古直末)쯤이 배가 나타난 지점으로 유추된다.

3) 명월사·왕후사의 위치

(가) 명월사(明月寺)

'김해 명월사 사적비'에 「명월산은 김해부 남쪽 40리에 있는데 절이 있는 곳은 … 수로대왕이 창건한 바이다」라 한다.

이 사찰이 있는 곳은 높은 언덕 아래 동남쪽을 향해 있으며, 수로대왕이 세자를 위해 지은 **신국사(新國寺)**는 산 서쪽 벼랑, 허황후를 위해 **진국사(鎭國寺)**는 산 동쪽 골짜기, 자신을 위해 **흥국사(興國寺)**는 산 가운데에 있으니, 이 절 '명월사는 옛 흥국사와 같은 절'이라 한다.

허황후가 산령께 비단 바지를 폐백으로 드리니, 산 이름은 '명월'로 하고 세 곳에 절을 지었다고 기록한다. **현 보배산이 명월산**이다.

(나) 왕후사(王后寺)

왕후사는 가락국 제8대 질지왕이 서기 452년에 수로대왕과 허황후가 합혼한 만전 자리에 지었다고 「가락국기」에 적었다.

만전은 종궐 서남쪽 60보 아래 산기슭에 만들었다고 하니, 그 자리가 왕후사 터다.

또 왕후사가 지어질 때 '置寺於其地, 又創王后寺'라고 한 걸 보면 왕후사와 같은 공간에 하나의 절이 먼저 있었다는 뜻이니, 그 절이 수로왕이 명월산 가운데에 지었다는 명월사이다. 명월사·종궐·왕후사 세 건물 지역 공간으로 추론해 본다.

결론[81)]

만약 허황후가 허구적 인물이면, 어떻게 될까?

첫째, 수로대왕~구형왕에 이르는 가야국 역사의 왕세계는 허구가 된다. 곧 허황후와 수로대왕의 결혼도, 수로대왕 사이에서 낳은 10명의 아들들도 허구가 된다. 또 수로대왕 이후 장남인 거등왕에서 그 후손인 마지막 구형왕까지 이어지는 가야국은 건국 초기 역사가 존재하지 않는 나라가 되는 것이다.

둘째, 가야국에 전래한 소승불교(왕실불교)가 부정된다.

수로대왕이 세운 신국사, 진국사, 흥국사도 모두 거짓이 되고, 질지왕이 허황후의 명복을 위해 세운 왕후사(장막 궁전·유궁·만전)와 '김해 명월사 사적비'의 "건강 원년(서기 144년) 갑신삼월람색"이라는 명문이 있는 기왓장을 얻었다는 비문의 내용도 거짓이 된다.

이들이 허황후와 가야국 불교를 부정하는 근본 이유는 ① 1세기에 가야국 건국을 부정하기 위함이고, ② 4세기 이후 가야 지역에 '임나'가 존재했다는 '한반도 임나설(가야국=임나)·임나일본부설'을 억지 주장하기 위해서다.

---

81) 김영진, 전 경상남도의원

8.
염치없고 부끄러움을 모르는 역사 매국 사학

그들은 1차 문헌 사료를 심도 있게 찾아보고 더 연구해야 하는 것은 필수적이다.

역사 매국 사학에서는 '한반도 임나설(가야국=임나)·임나일본부설'은 이미 극복하고 폐기되었다고 늘 주장하고 있다. 그들 가운데 한 사례를 들면, 백승옥 「가야 고분군 연구 총서 1권 가야사 총론」(-가야와 중국·왜 -, 가야 고분군 세계유산등재추진단 발행, 2018, p144, p145.)에서 다음과 같이 말했다.

"任那日本府는 任那+日本+府의 합성어이다. 이 가운데 일본이란 국명은 7세기 후반이 되어야 등장하는 용어이다. 府 또한 그 기원이 되는 大宰府가 법제적으로 확인되는 것은 大寶 元年(701)에 제정된 大寶令이며, 水城, 大野城 등 주변 방어시설과 大宰府의 주요 건물이 갖추어진 시기, 즉 大宰府의 실질적인 성립시기도 天智 3년(664) 무렵이라고 한다. 따라서 '任那日本府'란 용어는 7세기 대 후반 이후에나 나올 수 있는 용어이다. 5~6세기 대에 등장하는 『일본서기』 상의 임나일본부는 기본적으로 날조된 것으로 보아야 한다. (중략) 임나일본부의 출현 배경은 임나 지역에 왜의 군사력이 필요한 시기이면서, 가야(=임나)와 倭와의 사신 교류가 활발했던 시기였을 것으로 보인다. 이 점을 염두에 두고 임나일본부가 존재하고 있었던 541년대 가야 주변의 정세를 살펴볼 필요가 있다."

반민족행위자 이병도 삶의 궤적

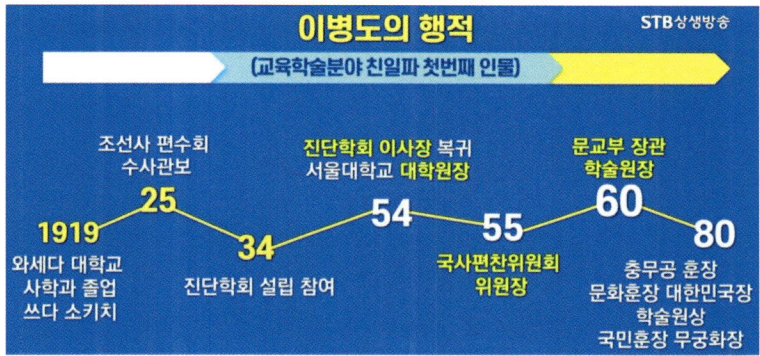

반민족행위자 신석호 삶의 궤적

최근 『김해시사』 집필자들의 오류를 밝힌 문제점 제시 반론문에서는 이영식이 대답하면서 인용문의 원출처가 된 글이 '이영식 자신'이라고 스스로 밝혔다. 위 문맥을 두고 자랑스러워해야 하는 글인지 혹은 부끄러워해야 하는 글인지, 도대체가 염치가 없다.

백제국의 제후(侯), 왕(王) 제도

중국 정부가 정사로 간주해 온 24 정사(正史) 중에 『남제서(南齊書)』 백제전 기록에는 동성왕 9년(490년) '면중왕 저근을 도한왕에, 팔중후 여고(古)를 아착왕에, 근위장군 여력을 매노왕에, 광무장군 여고(固)를 불사후'로 임명했다고 전한다.

『양서(梁書)』 백제전 기록에는 왕성을 '고마'라 하고, 읍(큰 성) 22개 '담로'에는 왕의 자제 종족이 나누어 다스렸다.

서기 663년 백제국의 주류성이 함락되자, 백제 왜(倭)는 "이 일을 어찌할꼬, 오늘로 백제 이름이 끊겼으니, 이제 조상들 무덤을 어찌 다시 찾아뵐 수 있단 말인가!"라며 통곡, 한탄하는 것을 『일본서기』에는 기록으로 전했다.

부여국의 다양한 국명과 그 위치 변화

지나(CHINA) 1차 문헌 사료에서 BCE 1046년에 부여국 명칭이 처음 등장한다.

"무왕이 상나라를 극복하자(서기전 1046) 해동의 여러 다른 민족들은 부여에 속해 있었는데, 모두 길이 통했다."[82]

---

82) 武王克商 海東諸夷夫餘之屬 肯通道焉 伏生, 『尙書大典』

❶ 대부여(BCE425 ~ BCE238, 44세 단군)

❷ 북부여(BCE239 ~ BCE58)

❸ 후기 북부여·졸본부여(BCE108 ~ BCE58): 탁리국 또는 고리국 출신 동명이 엄호수를 건너 건국한 나라이다.

❹ 동부여·가섭원 부여(BCE86 ~ CE22)

❺ 연나부 부여·서부여(CE22 ~ CE285)

❻ 연나부 부여·서부여(CE285 ~ CE494): 의라(依羅 286~316)가 바다를 건너 왜(倭)로 가 오진(應神) 왕이 됨.

❼ 갈사 부여(~ CE68)

❽ 후기 동부여(~ CE 68)

❾ 남부여·백제국(CE 538년 백제국 성 대왕이 사비성으로 천도한 후 남부여로 국호 변경.

9.
『삼국유사』
「가락국기」의 5가야 · 1 왕 5주

『가락국기』는 문종 연간 금관주지사(金官州知事) 문인(文人)이 편찬[83]한 국보 1차 문헌 사료이다.

1세기 낙동강(고속도로) 중심 '1 왕 5주 정치체' 가야국

---

83) 『삼국유사』「가락국기」(駕洛國記) 권1 기이 五伽倻 按駕洛記贊云 垂一紫纓下六圓卵五歸各邑 一在玆城 則一爲首露王餘五各爲五伽倻之主 金官不入五數當矣. 而本朝史畧 並數 金官而濫 記昌寧誤 阿羅 一作阿耶伽耶 今咸安. 古寧伽耶 今咸寧. 大伽倻 今高靈. 星山伽倻 今京山. 一云碧珍. 小伽耶 今固城. 又本朝史畧云 太祖天福五年庚子 改五伽倻 名 一金官 爲金海府. 二古寧 爲加利縣. 三非火 今昌寧恐高靈之訛. 餘二 阿羅, 星山. 同 前星山或作碧珍伽耶.

『가락기찬(駕洛記贊)』에 이르기를 한 가닥 자줏빛 노끈이 드리워 여섯 개 둥근 알이 내리니, 다섯 개는 각 읍으로 돌아가고, 한 개는 성에 있었다. 즉 한 개는 수로 왕(王)이 되고, 나머지 다섯 개는 각 5가야 주인(主)이 됐다. 금관을 다섯 수에 세지 않는 것은 당연하다. 본조 사략에 금관을 나란히 세어 창녕과 함부로 기록한 것은 잘못이다.

아라가야 혹은 '아야가야'는 지금의 '함안'이다. 고령가야는 지금의 '함녕'이다. 대가야는 지금의 '고령'이다. 성산가야는 지금의 '경산' 혹은 '벽진'이라 한다. 소가야는 지금의 '고성'이다. 또 본조 사략에 이르기를 태조 천복 5년(940) 경자에 5가야 이름을 고쳤는데 첫째 금관은 김해부, 둘째 고녕은 가리현[84], 셋째 비화를 지금의 창녕이라 한 것은 의심컨대 고령의 잘못(거짓)이다[85]. 나머지 두 개 아라와 성산, 성산은 앞과 같은데 혹은 벽진가야이다.

---

84) 가리현(加利縣)은 성산가야 지역에 있던 옛 지명으로 '기성(岐城)'이라고도 한다. 신라 초기에 이현(利縣)이라 하다가 경덕왕 때 성산군(星山郡)이라 한 것을 고려 초에 가리현으로 고쳤고, 1018년(현종 9) 성주(星州)의 속현(屬縣)이 되었다. 상주·함창·문경은 고대 고녕가야 지역으로 신라 편입[첨해이사금(沾解尼師今) 254년 이후 가해현(加害縣), 경덕왕 16년(757)에 가선현(嘉善縣)으로 고쳤다. 여기 가리현은 '가해현, 가선현'의 오기로 여겨진다.
85) 조희승, 「북한학계의 가야사 연구」, 도서출판 말, 2020, p104.

10.
『삼국사기』 김유신 열전과
『삼국사기』 초기 기록 불신론

　김유신(金庾信)은 왕경(王京) 사람이다. 〔그의〕 12세 조(世祖)는 수로(首露)인데, 어떤 사람인지 알 수 없다.

　〔수로는〕 후한(後漢) 건무(建武) 18년 임인(壬寅: AD 42년) 구봉(龜峯)에 올라가 가락(駕洛)의 9촌(村)을 바라보고 마침내 그곳에 나아가 나라를 새로 세우고 이름을 '가야(加耶)'라 하였다가 후에 금관국(金官國)[86]으로 고쳤다. 그의 자손이 서로 〔왕위를〕 계승하여 10세손(世孫) 구해(仇亥)에 이르렀는데, 〔구해는〕 혹은 '구차휴(仇次休)'라고도 하며, 유신에게 증조부(曾祖父)가 된다.

　신라 사람들은 스스로 이르기를 "소호김천씨(少昊金天氏)의 후예여서 성(姓)을 김(金)이라 한다."라고 했다. 유신비(庾信碑)에도 또한 "헌원(軒轅)의 후예요 소호(少昊)의 자손이라 하였으니, 곧 남가야(南加耶) 시조(始祖)인 수로와 신라〔왕〕은 같은 성이다."

---

86) 『삼국사기』 「신라본기」 제4 법흥왕(法興王) 十九年, 金官國主金仇亥與妃及三子, 長曰奴宗, 仲曰武德, 季曰武力, 以國帑寶物來降. 王禮待之, 授位上等, 以本國爲食邑. 子 武力仕至角干.

서울 풍납토성에서 발굴된 판축용 목재는 탄소연대 측정 연대가 서기전 2세기(서기전 170년)까지 올라가고, 집 자리 터는 서기전 4세기(서기전 380년)까지 올라간다고 밝혔다. 그리고 삼족기 등 초기 철기시대 백제 토기도 발굴되었다.

일제 식민사학자들은 환국·배달·단군조선국의 역사뿐만 아니라, 부여국·고구려국·백제국·신라국·가야국의 5국 시대의 시간적·공간적 역사를 왜곡하고 축소하였다.

『삼국사기』 기록에 고구려는 BC 37년에, 신라는 BC 57년, 백제는 BC 18년, 가야국은 서기 42년에 건국되었다. 일본은 『삼국사기』 고대 기록을 역사적 사실로 인정하지 않을 뿐만 아니라, 5국 시대[87] 초기 왕들의 존재도 부정한다.

5국 초기 왕을 모두 누락시키고 고구려는 6세 태조왕, 백제는 8세 고이왕, 신라는 17세 내물왕부터 그 이름을 거론하고, 가야국 건국을 3세기경이라고 말한다. 『삼국사기』의 초기 기록을 인정하게 되면 4세기 이전에 강력한 왕권이 존재하게 되어 4세기의 '한반도 임나설(가야국=임나)·임나일본부설'은 설 자리를 잃게 된다.

그 때문에 조선사편수회의 '쓰다 소키치'는 5국 시기에 임나일본부가 나오지 않는다는 이유로 『삼국사기』의 초기 기록을 믿을 수 없다고 주장했다. 일제가 뿌리 박은 이 낭설이 한국 주류 역사 매국 사학에서는 그대로 관철되고 있다. 일제 식민학자 쓰다 소키치,

---

87) 부여국, 고구려국, 백제국, 신라국, 가야국

스에마쓰 야스카즈가 만든 '『삼국사기』 초기 기록 불신론'이 해방 후 80년이 된 지금도 신봉·추종하는 게 대한민국 역사 매국 사학이다.

『삼국사기』는 고려 문하시중으로 김부식 나이 71세에 고려 인종의 명을 받아 3년 동안 11명의 학자가 함께 집필한 『삼국사기』. 그는 임금에게 올린 '진삼국사표'에 이러한 글을 남겼다.

"이 책을 명산에 간직하지는 못하더라도 부디 간장병 마개로 쓰진 마소서."

11.
칠지도 · 왜(倭) · 기문 서술에 허튼소리와 바른 소리

백제 대왕이 제후·왕에게 하사한 칠지도

칠지도는 백제 대왕이 왜(倭)에 올린 헌상품이 아니라, 백제 대왕의 자제 종족이 다스리는 22개 담로의 제후 · 왕에게 내리는 신분 보장의 위세품이고 하사품이었다. 백제국 근초고 대왕(346~375) 때 서기 372년 22개 담로들 가운데 '왜(倭) 왕 지'에게 하사한 위세품이다.

칠지도

거기에는 7가지 형상의 금빛 상감 61개 글자가 새겨져 있다. '태화 4년 5월 16일 병오정양에 조백연철한 칠지도는 백병을 물리치는 힘이 있으니, 왜 왕 지에게 준다'라는 기록이다. 또 선세 이래로 세상에 이와 같은 칼은 없었고, '백제 왕세자 기생성음', '왜왕 지를 위해 만들었으니, 전시후세(후손들에게 전하라)'가 새겨진 칠지도는 고대 일본의 근원지이자 아스카 문화의 발상지인 나라 현 '이소노가미 신궁'에 받들어 모셔 놓은 일본의 국보다.

발굴된 칼을 연구 분석한 결과 4세기 중반 백제국 근초고대왕 시기의『일본서기』에는 '곡라'는 철 산지 지명이 비정이 된 곳으로는 충주의 노천광산이다. 거기서 산출된 철광석을 진천군 석장리 제철 유적지로 가져와 제작된 것으로 여겨진다. 그 과정은 철과 황 성분을 비교 분석한 결과 같은 것으로 판명됐다.

『삼국사기』의 기문 서술 주장

『삼국사기』에도 '기문' 기록이 나온다고 주장하지만, 한자가 다르다. 또한 '기문(己汶)'이 아니라, '여섯째 지지 사(巳)'로서 상사(上巳)의 약칭으로 기록된 '사문(巳汶)'이다.

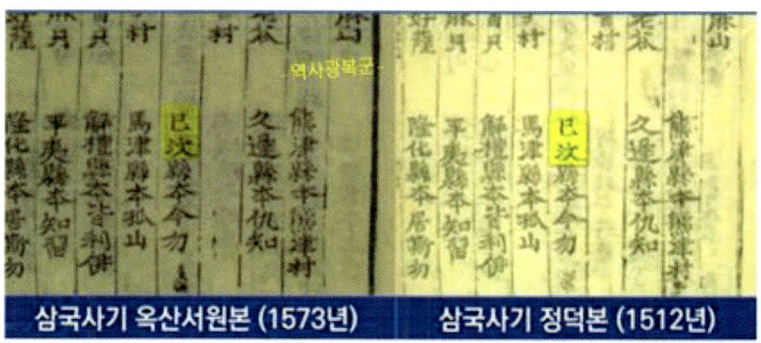

『삼국사기』「옥산서원본」,「정덕본」

7장 시사 역사 상식(歷史常識)   231

『삼국사기』「옥산서원본」,「정덕본」의 기록을 들여다보면 기문(己汶)이 아니라, '사문(巳汶)'이다. 국사편찬위원회의 한국사 데이터베이스 홈페이지 기록에는 조작해서 적어 놓았다.[88]

고문헌 속의 '한 글자' 기록이 얼마나 중요한지 알고 있을 국가 공공기관의 어처구니없는 한 형태이다.

백제국은 22개 담로(檐魯) 제도의 후·왕으로서 대륙 백제와 한성 백제, 해양 백제 왜(百濟 倭)를 건설하여 황제국임을 자처했다.

25대 무녕대왕의 지석이 1971년 충남 공주에서 발굴되었고 영동대장군 백제국의 사마왕이 62세 계묘년(523) 5월 7일 붕(황제의 죽음을 말함) 하였으며, 백제국이 고구려국을 여러 번 격파하여 다시 강한 나라가 되어 갱위강국(更位强國)[89]을 주창한 이가 백제국 무녕대왕이다.

그러한 무녕대왕이 백제 왜(倭) 후 왕(계체)의 신하를 자처하며 하늘의 은혜를 베풀어 달라고 주청했다는 『일본서기』 계체 7(513) 기록이야말로 어처구니가 없는 허구다.

대일항전기에 일제 사학자 이마니시 류가 날조 억단(臆斷) 한 「기문 반파고」에서 '기문'을 남원으로, '반파'를 성주로 비정했다. (지금은 군산대 곽장근이 전북 장수군에 비정)

---

88) 『삼국사기』 권 제37 잡지 제6 웅진도독부 소속 주·현 支潯州九縣. 巳汶縣, 本校勘 今勿. 支潯縣, 本只乡村. 馬津縣, 本孤山. 子來縣, 本夫首只. 解禮縣, 本皆利伊. 古魯縣, 本古麻只. 平夷縣, 本知留. 珊瑚縣, 本沙好薩. 隆化縣, 本居斯勿.
89) 『삼국사기』「백제본기」 제4 〉 무령왕(武寧王) 〉 冬十一月, 遣使入梁朝貢. 先是爲高句麗所破, 衰校勘 弱累年, 至是上表稱, "累破高句麗, 始與通好, 而更爲强國."

『삼국지』「위서」 오환선비동이열전 왜인 조 축자국 경로

해방 후에 식민사학을 그대로 추종한 강단 사학은 '다라국'을 합천군에, '기문국'을 남원시에 비정하면서 '대마도와 규슈, 왜(倭) 열도 안'에 있었던 임나 제국을 한반도의 경상도와 전라도 전역에다 그대로 날조·비정한 것을 주장했다.

『삼국지』 위지동이전의 왜(倭)

『삼국지』「위서」 오환선비동이열전 왜인 조[90] 기록에 구야한국에서 한 바다를 건너 천여 리 가면 대마도에 이르고, 또 남으로 바다를 천여 리 이름하여 넓고 큰 바다(名瀚海)를 건너 일대국(一大國, 壹

---

90) 狗耶韓國...始度一海,千餘里至大馬國..又南渡一海千餘里...名瀚海至一大國...又渡一海, 千餘里至末盧國

岐島)에 이르고, 또 바다를 건너 천여 리에 말로국 주변(축자국)에 이른다고 했다.

『송서(宋書)』 왜왕 무(武)의 상표문

5세기 『송서』에는 왜(倭) 5왕의 이름이 등장한다. 곧 찬(贊)·진(珍)·제(濟)·흥(興)·무(武)이다. 이들 중 무(武)가 송에 보낸 상표문에서 '왜, 백제, 신라, 임나, 가라, 진한, 모한' 7국 제군사를 요청했으나, 송은 백제를 빼고 왜, 신라, 임나, 가라, 진한, 모한으로 6국 제군사를 제수하였다.

여기서도 또한 '임나와 가라'는 2개의 나라 이름이다.

『신찬성씨록』의 기문

역사 매국 사학은 남원을 '기문국'이라며 일본의 왕족과 귀족 성(姓)씨를 기록한 『신찬성씨록(新撰姓氏錄)』에도 근거가 나온다고 주장한다.

> 임나 임금이 말하기를 신의 나라 동북쪽에 삼파문 땅이 있는데 '상파문·중파문·하파문'으로 사방 300리 토지이고, 인민들은 부유하고 넉넉하며 신라국과 서로 싸우니 피차가 당겨 잡아 다스릴 능력은 아니다.[91]

---

91) 『신찬성씨록』 좌경황별 길전연조 任那國奏曰 臣國東北有三巴汶地〈上巴汶·中巴汶·下巴汶〉地方三百里土地 人民亦富饒 與新羅國相爭 彼此 不能攝治

『신찬성씨록』은 고대 일본의 왕족과 귀족 성씨 219개 유래를 기록한 책이다. 그런데 그 기록 어디에 '기문'이 있는가? 그들이 억지를 부리며 주장하기를 '상파문(上巴汶)'을 '기문(己汶)'이라고 말한다.

주장만 해서 될 것이 아니라, 먼저 1차 문헌 사료로써 그 근거를 제시해야 한다. 글자가 엄연히 다른데도 참 어처구니없는 허튼소리에 불과하다.

12.
가야국을 임나로 바꾼 식민사학, 이를 반박한 유물·유적

심상소학 국사 보충교재 1, 2

상고의 조선반도 3쪽 아마테라스의 동생인 스사노오 노미코토는 아들과 더불어 조선에 건너가 세웠다(만들었다). 스진천황(제10대)의 때, '가라국'은 처음으로 사신을 일본의 조정에 파견하여….

심상소학 일본역사 보충교재 교수참고서 1, 2

'임나'의 국명은 조선에서도 오래전부터 보인다. 또 이것을 '임나가라'라고도 한다. 그 예를 들면 다음과 같다.

가. 고구려 광개토왕릉비[재성경성집안현(만주 길림성 집안현)에 위치]「'임나가라 종발성'까지 쫓아갔다」

나. 신라 진경대사탑비[원래 창원군 봉림사지에 있었음]. 대사의 생전 이름은 심희. 출가 전 성은 신 김씨. 그 조상은 임나 왕족이다.

다. 『삼국사기』 강수 열전. '신은 임나가량 사람이다.' 그 나라는 옛날, 경상남도 김해에 있던 '가라국'과 같아 일본의 고서에 '의부가라'가 곧 이것이다. 가라, 즉 임나는 아주 먼 옛날부터 일본에 조공하였고, 일본이 삼한과 교류하는 문호로서 일본에 있어서 조선반도 남부의 옛 가라 등의 여러 나라를 총칭하여 '임나'라고 부름에 이르렀다. 그러므로 옛날부터 임나에는 넓은 의미와 좁은 의미의 두 가지 의미가 있는 것을 알아야 한다. 본 책에 있어서 김해의 옛 나라를 '가라'라고 부르고, '임나'는 넓은 의미로 임나 제국을 말할 때 한하여 부른다.

조선총독부 아동용 국정교과서에는 다음과 같은 역사 왜곡을 저질렀다.

첫째, 상고시대에 북부 조선은 기자·위만 정권·한4군으로, 마치 중국 영지(領地)가 된 것으로 서술하여 우리 민족 시원(始原)인 '단군조선 국' 역사(歷史)를 삭제했다. 또 남부 조선은 '한(韓)' 종족의

마한·진한·변한이 나중에 '백제·신라·가라'로 변하고, 고구려국을 우리 한(韓)민족에서 빼 버렸다.[92]

'마한을 백제국, 진한은 신라국, 변한은 가야국'으로 날조하여 가야국을 '가라'라 칭하고 '임나 제국'으로 '임나일본부설(가야국=임나)·한반도 임나설'의 뿌리를 심어 놓았다.

둘째, 조선의 북부는 '기자'로부터 중국의 지배를 받았고, 남부는 선별적으로 120년을 맘대로 더해서 고대 '삼한정벌론(329년)'과 '가야국 강역'에 '임나일본부' 설치(369년)로부터 조선 침략까지 씨족 국가(李氏朝鮮)에 머물러서 일본의 영향력을 벗어나지 못했다고 한다.

한마디로 조선국의 민족 자주성·독자성을 완전히 없애서 조선인은 황국신민이 숙명(宿命)인 것처럼 길들여진 타율적 역사성(歷史性)을 특히 강조한 것이다.

셋째, 『일본서기』 신공 49년 조에 '왜(倭)'가 신라를 쳐부쉈다는데, 정작 '가야국 강역'의 7국을 평정한 후 임나일본부를 설치했다 하고 한반도 삼한의 영토를 다스렸다는 것은 허위 사실이다. 즉 '왜(倭)'가 임나(가야국)를 통해 삼한 영토를 통치했다는 '한반도 임나설(가야국=임나)'은 낭설이다.

---

92) 『삼국사기』 「백제본기」 제6 의자왕(義慈王), '海東三國', 해동의 세 나라[海東三國]: 발해 동쪽의 3국, 곧 고구려·백제·신라를 가리킨다. 삼국의 역사 및 위치에 대해 9세기 후반 신라의 학자 최치원(崔致遠)은 삼한(三韓)이 삼국으로 발전하여 마한-고구려, 변한-백제, 진한-신라라고 설명하였으며, 이러한 '삼한-삼국설'이 오랫동안 정설로 자리 잡았다. 그러나 조선 후기의 실학자 한백겸(韓百謙)이 1615년 『東國地理志』를 편찬하면서 마한-백제, 변한-가야, 진한-신라로 이해하고 삼한의 위치를 조정하여 지금의 통설이 되었다.

『심상소학 일본역사 보충교재 교수참고서』

또 『심상소학 일본역사 보충교재 교수참고서』에는 '일본과 삼국의 관계'라는 용어 표기에서 일본이 내포하고 있는 의미는 왜(倭)를 교묘하게 숨긴 표현이다.

즉 '가야국=임나'니까, '임나'를 통해 왜(倭)가 삼국의 영토를 다스렸다는 뜻으로, '왜(倭)'가 삼국을 지배했다는 아주 교활한 서술 방식이 숨겨져 있다.

일본 극우 세력과 한국의 강단 사학이 『일본서기』에만 나오는 '임나'를 고대 '가야국'에다 비정할 때 「광개토태왕릉비문」의 '임나가라', 『삼국사기』 강수 열전의 '신본임나가량인', 「진경대사탑비」의 '임나왕족'에 나오는 임나를 예로 든다. 한반도 안으로 비정하여 언급된 고대 '임나'와 '가야국'과는 아무런 관련이 없다.

오히려 위에서 말한 1차 문헌 사료야말로 '가야국=임나'가 아니라, 거꾸로 고대 대마도와 규슈, 왜(倭) 열도 안으로 건너간 가야국,

7장 시사 역사 상식(歷史常識) 239

신라국, 백제국, 고구려국의 왕족과 귀족, 최고 토기와 철기 제작 기술자 집단이 세운 작은 마을·분국'으로 확실한 근거가 되는 1차 문헌 사료라고 최근에 민족 실증사학자들이 논문을 발표해 왔다.

'조선총독부 황국사관'으로 조선사편수회 출신 반민족행위자 '이병도와 신석호'가 해방 후에도 80년 동안 강단의 강단 사학에 뿌리 박아 온 '한반도 임나설(가야국=임나)·임나일본부설'도 이제 폐기해야만 한다.[93]

'가야국이 임나'라면 서기 562년 대가야국 멸망으로 문헌 사료에 안 나와야 하는데도 『일본서기』에는 계속해서 나온다.

① 『일본서기』 추고 19년, 611년 秋八月, 新羅遣沙喙部奈末北叱智, 任那遣習部大舍親智周智, 共朝貢(신라·임나가 사신을 보내 조공).
② 『일본서기』 서명 10년, 638년 是歲, 百濟新羅任那並朝貢(백제·신라·임나가 사신을 보내 조공). -와세다대학 전자도서관-
③ 『일본서기』 효덕 대화2년 646년 2월 15일 高麗·百濟·任那·新羅, 并遣 使, 貢獻調賦. 고구려, 백제, 임나, 신라가 사신을 보내 조부(調賦)를 바쳤다.

---

93) 崔在錫, 「伽倻寺硏究에서의 伽耶와 任那의 混同, 한국민족연구1(1993.12) 단국대학교 한국민족학연구소, p43~44.

전방후원분의 시원(始元)은 한반도

일본이 '방형주구묘'에서 독자적인 발전을 이뤘다는 무덤이 전방후원분이다. 하지만 최소 100년 이상 앞선 시원 격인 '방형주구묘'가 충남 보령시 주교면 관창리에서 발굴돼 일본의 독창적인 장묘 의례 유적으로 자랑했던 전방후원분의 주장을 단 한 방에 훅 날려 버렸다.

기원전 1~기원후 1세기, 초기 원형으로 북한 자강도 압록강 변 송암리 88호분이 발굴됐다. 백제국 나주·해남·광주·함평·보령·완주 등 셀 수도 없이 초기 형태가 발굴됐고, 영암에는 '자라봉 고분'도 있다.

일본 것보다 무려 100여 년이 앞섰던 것으로 일본 전방후원분의 원형인 '장고형 무덤', 전라남도 나주·광주와 영암 지역을 방문하면 전방후원분의 원형을 볼 수 있다.

일본의 전방후원분 보다도 100년 이상 앞선 광주 월계동 장고형고분

고대 왜(倭)는 왕족·귀족들, 최고의 토기와 철 제련 기술을 가진 사람들이 바다를 건너가 세운 소읍으로 대부분이 가야 왜(倭)와 백제 왜(倭) 소국이었다.

니시타니 타다시 규슈대학 명예교수는 이렇게 말한다. "북 규슈 지역에는 가야 지명뿐만 아니라, 한국식 지명이 많다. 현재 후쿠오카 약간 남쪽에 시라기(신라)가 있고, 가야산도 있으며, 가야산의 양쪽에는 고인돌도 있다. 또 일본의 고분 시대는 가야국 시대이며, 그때 이도국이 위치하였던 지역을 발굴하면 수혈주거지에서 5세기 중엽의 가마터, 부뚜막과 가야국 토기가 발굴된다. 이곳은 가야국에서 대마도, 이키, 가라츠(축자국), 노국, 이도국 등 북 규슈 지역으로 이어지는 거점이었다."

『삼국지』「위지」오환선비동이전의 왜인전에서 고대 이도국이라 지칭되고 있는 현재 '마에바루시'에는 지금도 수많은 가야국의 흔

적이 남아 있다. '가야산'이라는 산 이름과 '게야·가후라·가호리' 등 가야국에서 파생된 지명이 곳곳에 남아 있다고 한다.

앞서 언급했듯이 파형동기(巴形銅器)는 김해에서는 그렇게 드문 유물도 아니다. 파형동기가 김해 대성동 고분군에서 발견되기 이전에는 일본에서만 왕급 무덤에서나 서너 개 발견되던 드문 유물이었지만, 김해 대성동 88호 한 곳에서만 한꺼번에 12점이 나왔다.

또 파형동기 원형으로 추정 발굴된 13호분 유물은 왜(倭)의 왕급 무덤에서 발굴된 것보다 방사성 탄소동위원소 측정 결과 100여 년이나 앞선 것으로 확인이 되었다.

파형동기는 주로 방패 꾸미개로 쓰이거나 화살통의 장식품이다.

13호분에서 함께 발굴된 금동제 허리띠 장식은 4세기 것으로 '왜(倭)' 열도에서 발굴된 것보다도 150여 년이나 앞선 것으로 확인되었고, 이 장식품은 가락국의 유물·유적과 문화가 대마도와 규슈를 통해 왜(倭) 열도로 전파됐다는 것을 입증하였다. '파형동기는 왜(倭)의 위세품이 아니라, 왜(倭)로 전파된 물품'이고, 원출처도 가야국을 써야 맞다.

흙 방울 토기

『삼국유사』「가락국기」 가야국 건국사화(史話) 기록에 "거북아 거북아 머리를 내어라."라고 하는 '구지가(龜旨歌)' 내용을 흙 방울 토기에 그림으로 나타낸 것이다. 서기 42년 김수로대왕이 가락국을 건국했다는 사실을 가야인들도 이미 알고 있었음을 밝혀주는 토기다.

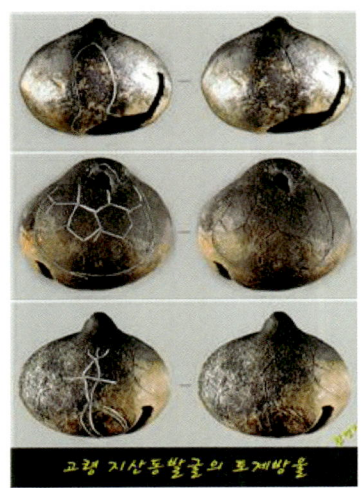
고령 지산동발굴의 토제방울

지름 5.3cm 정도 흙으로 만든 작은 방울에는 OE 산봉우리, ❶ 거북, ❷ 관을 쓴 남자, ❸ 춤을 추는 여자, ❹ 하늘을 우러러보는 사람, ' 줄과 금합을 담은 자루 등 여섯 개 그림이 새겨져 있다.

2019년 3월 고령 지산동 705호분의 1호 순장 돌 덧널에서 나왔고, 무덤 주인공은 4~5세 정도 되는 어린아이로서 흙 방울은 왼쪽 무릎 근처에 있었다.

705호분은 으뜸 돌 방과 세 개의 순장 돌 덧널로 이루어진 여러 덧널 식 무덤으로 1호 순장 돌 덧널은 대가야의 전형적인 구멍 식 돌 덧널무덤이다. 판자 돌을 세워 벽 석을 만든 뒤, 바깥에는 깬 돌을 덧붙여 보강하고 덮개돌을 두 겹으로 덮었다. 무덤에서 흙 방울 토기와 토기, 쇠 낫, 쇠화살촉, 곱은옥, 뼈 조각 등도 함께 발굴됐다.

13.
요하 문명과 일제 정한론(征韓論)

아는 만큼 본다

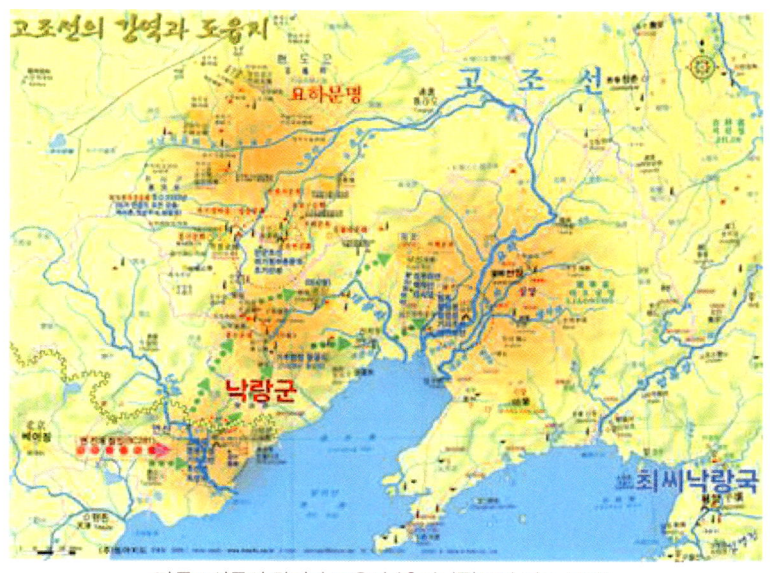

단군조선국의 강역과 도읍지 〈출처: (주)동아 지도 보완〉

 세계 5대 문명 중 요하 문명은 다른 4대 문명보다 1000여 년이 앞선 우리 조상들 유물·유적지로, 그 중심에 '홍산문화'가 있다.

 '단군=제사장'이고, '왕검=지도자'로서 1대~47대 단군왕검은 우리 역사 시작, 단군조선(BCE2333) 건국이 한민족 뿌리로 목뼈·척추가 바로 서야 한국 역사가 똑바로 선다.

 강원도 춘천 중도의 청동기 유물·유적은 화장 문화 습속과 고인돌 문화가 보편적이었다. 그리고 지금은 영국의 레고랜드 놀이 시설이 합법 가장한 불법을 저지르며 우리들의 소중한 고대 유물·유적지를 무분별하게 파괴하고 있는 최악의 상태라고 생각한다.

 단군조선 국의 표식유물이 비파형 동검·다뉴세문경·고인돌·미송리형 토기이다. 그리고 명(明) 글이 새겨진 칼 모양 돈의 명칭은 명도전이 아니라, '명 칼 돈'이라 불러야 하겠다.

 단군조선 국 강역은 하북성(북경)·난하, 요서, 요동, 만주, 연해주, 한반도를 포함한다.(https://youtu.be/5ICZwxhYZMk?si=w4ZZ25S6CFhF2g3c)

요시다 쇼인과 역사 매국 사학 태두 이병도

'한반도 임나설(가야국=임나)·임나일본부설'은 일본 우익 사상 창시자이자 메이지 유신의 정신적 지도자인 요시다 쇼인(吉田松陰, 1830~1859)이 주창한 논리이다.

요시다 쇼인은 북규슈 조슈번 출신으로, 그곳에 '송하촌숙(松下村塾)'이라는 작은 정치학교를 세웠는데 이곳에서 이토 히로부미를 포함한 대다수 메이지 유신 공신들이 나왔다.

요시다 쇼인의 초상화 앞에 놓인 『일본서기』

이토 히로부미가 요시다 쇼인을 기리기 위해 세운 것이 야스쿠니 신사(靖國神社)다. 요시다 쇼인 정한론은 쉽게 말해 '조선을 강탈하기 위한 논리'를 말한다. 그 요체는 고대 한반도에서 가야국을 임나로 보고, 서기 369년에 야마토 왜(倭) 정권이 바다를 건너 한반도 남부에 와서 임나를 정벌해 김해 지역을 중심으로 하는 통치기관을 세워 한반도 남부 경상도와 전라도 대부분을 식민 지배하였다는 것이다. 이게 '한반도 임나설(가야국=임나)·임나일본부설'이다.

정한론은 근대 일본이 조선을 침략·강탈하여 식민 지배하는 게 침략과 강탈이 아니라, 고대 왜(倭) 역사의 복원이라고 귀결시킨다.

다시 말해, 역사 수정주의와 제국주의를 결합한 것이다.

조선총독부 직속 조선사편수회 수사관이었던 이병도가 해방 후, 우리의 역사학계를 장악해 일제 식민사학을 공고히 하였다. 그는 1962년 「수로왕고」라는 논문에서 가야국의 건국 사화를 후대의 전설로, 건국 시조인 김수로대왕을 전설상의 인물로 치부하였다. 또한 「가야 사상의 제문제」에서는 '대가야=임나'라고 지도에 그려 놓았으나, 감히 일제 임나일본부설 '가야=임나'라고 대놓고 말하지는 못하였다.

가야국 건국을 밝힌 1차 문헌 사료와 유물·유적, 인과관계

가야국 건국 연대는 『삼국유사』, 『삼국사기』 기록에는 서기 42년이라 하였고, 가야국 지역에 그 시기의 많은 유물·유적이 출토되었다.

정한론과 한반도 임나설(가야국=임나)·임나일본부설 범접 자체를 부정하는 유물·유적지로 가야국에는 왕실 불교인 소승 불교가 먼저 들어왔고, 포은 이종기가 수로왕릉의 쌍어문·태양문 문양이 인도의 쌍어문·태양문과 같은 성격이라고 밝혔다.

또한 서울대 의대 서정선 교수가 김해에 와 있는 남인도 타밀주 출신 드라비다족 노동자와 김해 대동면 예안리 고분 인골의 DNA를 분석 비교한 결과가 같다고 밝혔다.

또 400여 개의 언어 존칭어와 어순도 같다고 한다. 김해 주촌면 망덕리 1, 2 목관묘와 대성동 91호분 도굴 갱에서 나온 주머니 호는 기원전 1세기 유물이다.

서기 42년 가야국 건국 시기의 대표 유물·유적은 다음과 같다.

- '가야의 숲'에서 나온 목관묘와 칠기 부채, 토기류와 단조와 판상철부 등
- 김해 진례면 시례리 고분군
- 김해 주촌면 양동리 고분군
- 김해 부원동 패총 B·C 지구 유적
- 김해 회현리(봉황동) 패총
- 김해 구산동 고인돌(기원전 세계 최대 크기 350톤)
- 김해 봉황동 유적(기원전 단군조선 국 고인돌·석관묘), 2호 집터에서 송풍관과 철 찌꺼기, 단야 등을 발굴
- 파사석탑
- 고령 지산동 고분군 흙 방울 토기 등

또한 김해의 김수로대왕 추향대제와 '상주 함창·문경' 지역에는 고녕가야 시조인 김고로왕 대제를 매년 거행하고 있다. 그런데도 역사 매국 사학은 가야국을 '은둔의 왕국' 또는 '미완의 제국'이라면서 가야국 강역사를 조작하여 깎아내리거나 방치하는 짓을 일관해 오고 있다.

14.
대대손손 이어진 역사 매국 사학 관련 석·박사 논문

백승충(白承忠), 1989, 「1~3세기 가야 세력의 성격과 그 추이 -수로집단의 등장과 浦上八國의 亂을 중심으로-」, 『釜大史學』 13.

이영식, 「고대 한일관계사 연구: 임나일본부와 가라제국」, 조도전(와세다)대학 박사논문, 1990.

저서 「가야제국과 임나일본부(加耶諸國と任那日本府)」, 「새천년의 가락국사」, 「가야 제국사 연구」 등.

김태식, 「咸安 安羅國의 成長과 變遷」, 『韓國史硏究』 86, 1994; 단행본 『加耶聯盟史』, 一潮閣, 1993.

김현구, 단행본 『任那日本府硏究』, 一潮閣, 1993 ; 김현구 외, 「일본서기 한국관계 기사 연구」 1·2·3, 일지사, 2004.

남재우, 「安邪國의 성장과 대외관계 연구」, 성균관대학교 사학과 박사학위 논문, 1998; 단행본 『安羅國史』, 혜안, 2003.

백승옥(白承玉), 2001, 「加耶 各國의 成長과 發展에 관한 硏究」, 부산대학교 사학과 박사학위 논문; 단행본 『加耶 各國史 硏究』, 혜안, 2003.

맺음말

　가야 고분군 세계유산등재추진단의 『가야사』 발간 소식을 처음에 듣고 아주 기뻤다. 그러나 세계유산등재추진단에서 펴낸 『가야 고분군 연구 총서 1권 가야사 총론』의 첫 장을 펼쳤던 순간 탄식하지 않을 수 없었다.

　첫 장부터 시작이 '가야국은 임나'라며 임나 7국, 임나 10국, 임나 4현 등을 마구잡이로 서술한 이영식의 주장과 참고 지도(地圖)는 올바른 가야국 역사총론(歷史總論)이라 과연 말할 수 있을지 의문이었다. 경상남도가 도 예산을 들여 발행한 통사적인 관찬사로 격에 어울리지도 않았고, 한 마디로 개인의 주장을 한 데 엮은 논문집에 불과하였다.

　그것은 『일본서기』의 한반도 임나설(가야국=임나)을 바탕으로 일제 식민사학자 아유카이 후사노신, 쓰다 쇼키치, 이마니시 류, 스에마스 야스카즈 등이 1차 문헌 사료의 근거도 없이 『일본서기』에만 있는 다라와 기문의 위치를 한반도에다 날조 비정한 것이었다. 그런 주장을 그대로 베껴 이영식은 대한민국 고대 가야국의 강역(疆域) 안에다 버젓이 임나 제국 국명들을 그 위치라고 비정해 놓

왔다.

해방 후 80년이 지났는데도 조선총독부 직속 조선사편수회 출신의 이병도와 신석호, 또 그 아류 역사 매국 사학은 줄기차게도 지금까지 추종하여 그 낭설을 짜깁기 해왔고, 280쪽이 넘는 분량의 『가야사』 총론은 학술서인데도 색인조차도 하나 없다.

1억 8천 8백50여만 원이라는 도 예산을 들여 만든 관찬사(官撰史)라고는 상식적으로 이해하기에도 쉽지 않고, 보면 볼수록 부끄러움을 유발할 뿐이었다.

경남도민의 혈세를 들여 일본 극우 세력들의 기원을 받들어 주고, 현재 일본의 학교 교과서에도 실린 임나 제국을 그대로 한반도 고대 '가야국' 강역(疆域)에 비정해 놓은 것은 충격이었다.

그 누구보다도 옳은 가야국의 역사 기록이 세계에 알려져야 한다고 주장해 왔다. 또 그 절호의 기회를 맞은 가야국 고분군이 세계유산으로 꼭 등재되길 애타게 기원도 해 왔다. 다만 『일본서기』에만 나오는 '다라와 기문'이라는 정치체 명칭을 합천의 다라국과 남원의 기문국이라고 날조해 놓았기에 세계유산으로 등재되는 기록만큼은 삭제할 것을 줄기차게 요구하였다.

대일항전기에 일본이 간교하게 역사 왜곡을 통한 관광화 사업은 이미 지난 110여 년 전에 조선총독부의 치밀한 계획으로 이루어졌었다. 그리고 전국의 조선 고적 유물을 난도질하다시피 도굴하고 유물·유적 보존회를 조직하여 우리 역사를 날조·조작한 기록을 알게 되었다.

그들은 눈부신 우리 오천여 년의 강역사를 완전히 날조하여 일제 내선일체(內鮮一體)의 연원을 밝힌다며 식민지 조선인들의 저항을 무마시켰다. 그리고 고대에 한·일 관계가 '친밀'하였다는 식으로 역사를 조작하여 정당화시키며 벌인 게 바로 관광화 사업이었다.

그들의 관광화 사업 목적은 황국사관을 이론적으로 중무장시키며 조선총독부의 행정력을 총동원해서 치밀하게 서울의 남산에는 조선신궁을 세웠다. 또 충남 부여에는 부여 신궁을, 그리고 전국의 모든 시·군에 걸쳐서 1,100여 개 이상의 일본 신사를 전국 방방곡곡에 세워 일제 황국사관을 대중화시켰던 사실을 우리는 꼭 기억해야만 한다.

2021년 1월에 문화재청은 국가 예산을 투입하여 역사 매국 사학이 주장해 온 한반도 임나설(가야국=임나)·임나일본부설을 그대로 베껴 유네스코 세계유산으로 등재 신청서를 냈다. 『일본서기』에만 나오는 기문(己汶)·다라(多羅)가 아직도 합천 다라국과 남원 기문국이라 비정한 정치체 국명(國名), 해방된 지 80년인데도 청산되지 않고 있다.

그들이 조선총독부의 황국사관을 추종하여 쓴 주장 논문으로 전 세계만방에다 대한민국의 고대 가야국이 왜(倭)의 식민지였다며 날조된 역사를 그동안 되살리려고 발버둥 치며 숨겨 온 사실도 깨닫고 우리는 꼭 알아야만 한다.

찬란하고 올바른 가야국의 역사적 사실로 복원된 각 고분군과 전시 기록물을 세계인들이 찾아 방문하고 우리 문화유산을 부러

워하고 지속적인 세계 한류 문화관광 산업화가 이루어져야 한다. 그렇기에 우리는 제발 무엇이 중요한지, 무엇이 더 먼저인지를 세계의 역사 무대에 올랐을 때를 견주어 곰곰이 생각해 봐야 한다.

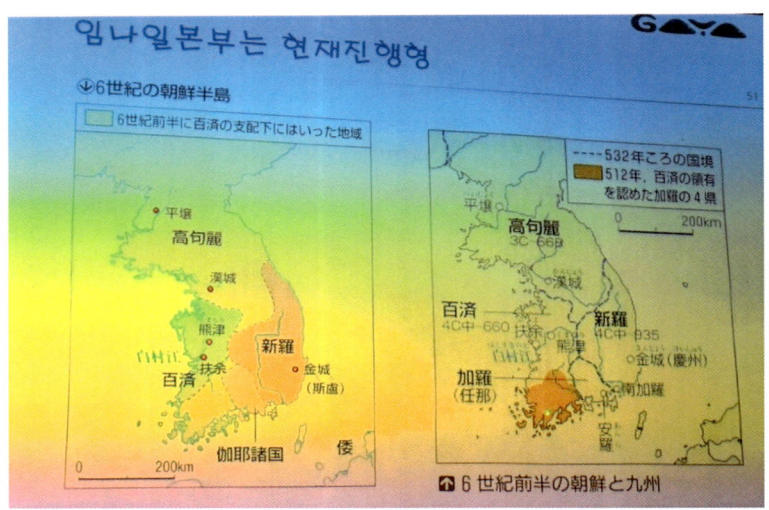

일본의 학생들이 배우는 임나일본부와 임나 제국 강역[94]

지금도 일본의 학생들은 중·고등 교과서에서 우리 고대 '가야국'을 나타낸 지도 위에다 '가야제국'이라 써 놓고 '왜(倭)의 식민지였다'라며 '임나'라고 배운다. 그러나 일본의 교과서에서 고대 왜(倭)가 적어도 6세기 중엽까지는 철기 제련 기술도 없었다는 사실과 왜

---

94) 2023.11.01 합천박물관에서 하승철 가야 고분군 세계유산등재추진단 조사연구실장 강연.

(倭)는 국가 체제 형성도 안 되었다는 사실은 학생들에게 가르치지도 않는다. 그들은 그 당시에 최고의 토기 제작과 철 제련 기술로 철 생산 왕국이라 불렸던 '가야국'인데, 그 강역(疆域)에다 임나일본부를 설치하여 약 200년 동안 영·호남 지역을 왜(倭)의 속국인 임나 제국으로 지배했다고 배운다는 것이다.

『일본서기』에서 왜(倭)는 백제 대왕이 다스린 22개 담로의 후·왕 체제에 속한 '백제 왜(倭)'라는 바른 역사 관계를 뒤집고, 고대 왜(倭)가 신라를 쳐부쉈다면서 가야국 땅에는 있지도 않았던 임나 7국을 평정했다고 한다. 그리고 가야국이 임나라며 식민 통치했고, 신라국·백제국을 속국으로 삼아 조공까지 받았다고 하는 게 한반도 임나설(가야국=임나)·임나일본부설이고, 이미『일본서기』신공 49년 조는 허구(虛構)라는 사실도 입증됐다.

과연 2025년 지금, 우리는 일본으로부터 진정으로 광복이 되었는가?

필자는 아직도 광복을 이루지 못했다고 본다. 대한민국 역사관이 독립되어야만 진정한 광복이라 말할 수 있다. 해방 후 80년 동안 우리는 모든 게 조작·날조된 일본인 관점의 역사, 조선총독부 황국사관에 맞춰 서술된 것을 마치 대한민국의 역사인 것처럼 배워 왔다.

식민사관으로 점철됐던 그릇된 역사를 옳다고 믿으며, 자신의 그릇된 조선총독부 황국사관의 지식에서 환류하지 않는 역사 매국 사학이 깔아 놓은 철로 위에 완전히 지배당하고 있다.

한국의 교단·강단 사학계와 국가유산청, 한국학중앙연구원, 동북아역사재단, 국사편찬위원회 등 거의 모든 국가 조직의 상층부에 뿌리 깊게 포진해 있는 게 대한민국의 암울한 현실이다. 대한민국 역사관을 되찾아야 한다.

1차 문헌 사료에 근거한 비판을 가장 기본으로 하는 역사학 분야에서 아직도 도제사학(陶製史學) 형태가 지속되는 한, 대한민국 사학계는 참다운 역사 광복을 이룰 수가 없다고 본다.

합천 다라국과 남원 기문국이라고 1차 문헌 사료의 근거가 하나도 없는 '가야국' 오욕의 역사 내용이 유네스코 세계유산으로 등재되는 날조 기록만은 막아야 했다.

씻을 수 없는 과오(過誤)를 남길 것인지, 일본 극우세력과 역사 매국 사학계의 허튼소리를 세계 문헌 기록 증명서로 증명을 받을 것인지, 우리 시민 역사학자들이 주장한 신중한 결단과 수정 요구는 필수적이었고, 지금까지도 1차 문헌 사료와 고고학적 유물·유적은 일본의 전역에 셀 수도 없이 많이 남아 있는 지명과 인명, 유물·유적을 토대로 충분히 입증해 왔다.

2024년 1월 22일 다시 공개한 국립김해박물관의 전시 기록물에서는 한반도 임나설(가야국=임나)·임나일본부설을 완전히 삭제해서 전형적인 모범 사례를 보여주었다. 나머지 다른 7개 박물관은 아직도 없애지 않고 있기에 전국 시·도민들이 이런 사실을 알아채서,

지적하고 수정·요청해야만 그들은 삭제한다.

요즘은 터무니없는 허튼소리임은 깨달으나 여전히 외교 기관이니, 교역 기관이니 주장하면서 한반도 남부 지역을 고대에 우월한 지위로 왜(倭)가 지배했다는 억지 주장까지 편다.

초기에 임나라 하면 대마도였고, 4~6세기가 되면 임나 범위가 확장된 것이다. 사이기국(斯二岐國)을 일기도(壹岐島)로 보면 대한민국의 고대 '가야국'으로 비정할 게 아니라 대마도와 규슈, 왜(倭) 열도 안에다 비정함이야말로 정상적인 상식이라 하겠다.

지금까지 그릇된 역사를 가르쳐 온 교단·강단 사학은 통렬한 반성도 필요하고, 항일 독립항전가의 역사관을 계승한 민족사학자와 시민 역사학자들께 양심적으로 사죄도 필요하다고 생각한다.

미래의 우리 후손들에게 부끄럽지 않은, 한 세대의 삶을 살다 간 조상이 될 우리다. 그렇기에 지금 옳고 바른 일을 꼭 이루며 살아야만 할 이유이고, 지금까지도 역사 매국 사학에서는 단 한 번도 조선총독부 황국사관 청산이라고는 언급된 적도 없다. 식민사관 청산은 지금이 가장 적기이다.

2023년 9월 17일에 우리는 두 가지 소원만 이루었다.

첫 번째는 유네스코 세계유산에 남원을 기문국, 합천을 다라국으로 서술한 정치체 국명(國名)을 삭제하였고, 두 번째는 가야국 건국을 서기 3세기 말에서 서기 1세기로 수정하여 기록하게 된 것이다.

하지만 앞으로 남아 있는 크나큰 일 네 가지로 ❶ 서기 48년의 김수로대왕과 허황옥 황후의 혼례 사실 기록과 ❷상주·함창·문경 고녕가야(古寧伽倻)와 ❸ 성주의 성산가야(星山伽倻) 역사를 복원하여 ❹ 부산 동래 복천동 고분군과 함께 유네스코 세계유산으로 등재해야만 할 일이다.

다시 한번, 해방 후에 지금까지도 역사 매국 사학은 『일본서기』의 임나 7국, 임나 10국, 그 위치를 경상도와 전라도 땅에 비정해 왔으나, 대마도와 규슈, 왜(倭) 열도 안에 있다는 사실을 깨닫기를 바란다.

그들의 대전제 가야국이 '임나'라는 '한반도 임나설(가야국=임나)'은 완전한 허구임을 증명하는 기록이 되길 바란다.

부록 I.

가야국 고분군의 세계유산 등재 과정 연표

연도	주요 경과	관련 기관과 단체
2019.12~20.03	국립중앙박물관 「가야 본성」 전시 — 『일본서기』식 연표·지명 사용 문제 제기	식민사관 청산 전국연대, (사)미사협
2020.04	감사원 공익감사 청구(393명 서명) 및 항의 시위	(사)미사협
2021.07~08	남원시민연대 결성, '기문국·다라국' 명칭 삭제 요구 1인 시위 시작	남원 가야역사바로세우기 시민연대
2021.09~12	전국 단위 시민사회연대 결성 — 문화재청, 국회 질의, 항의 집회, 청와대 앞 시위	식민사관 청산 가야사바로잡기 전국연대
2022.01~06	경남·전북 지역 연대 결성, 학술토론회와 공문 발송	경남연대, 전북연대, 가야불교연구소
2023.04	김해박물관 앞 전국 궐기대회 — 임나일본부설 전시 철회 요구	가야사바로잡기 전국연대
2023.06	문화재청·지자체·시민단체 연석회의 — '기문국·다라국' 명칭 삭제 합의	문화재청, 전국연대
2023.09.17	제45차 유네스코 세계유산위원회, 명칭 수정안 채택과 그 등재 결정	유네스코, 이코모스, 문화재청
2023.10	국회 및 언론 브리핑 통해 공식 발표 — "남원 유곡리와 두락리 고분군은 '기문국'이 아니다"	가야사바로잡기 전국연대
2024.05	상주 환경농업학교 시민포럼, 고녕가야 역사 복원 전국대회 개최	함창 고녕가야선양회, 식민사관 청산 전국연대

- 국립중앙박물관 전시 '가야 본성' 공익감사 청구서

- 전국 7대 종단 청와대 진정서

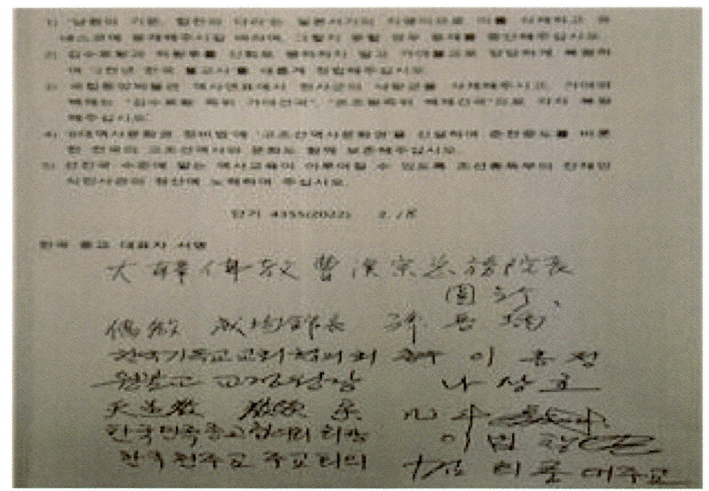

- 세계 문화유산위원회와 수·발신한 시민단체의 서한문

"The World Cultural Heritage is Humanity's Common Asset"

Recipient : UNESCO World Cultural Heritage
Via : ICOMOS
Title : Request for postphoning Korea's Gaya tumuli as UNESCO Cultural Heritage for three years

1. Sending support and praise to UNESCO, which values humanity's footprints.
2. This official document is sent by many civil organizations in cooperation; the administrative work is handled by the 'National Alliance of Righteous Gaya History and Revising Colonial History.'
3. The 'Gaya Tumuli UNESCO World Cultural Heritage,' manipulated by Japanese imperialism historical perspective, is a direct violation against UNESCO Charters and Koreans' minds; hence we request this be edited and postpone the decision by March 2025 as below. We believe that establishing a true history takes precedence.

- Next -

1) The excavation report of the Gaya Tumuli(가야고분군) was described from the perspective of Japanese imperialism that invaded Korea in 1910. In particular, among the applications submitted to your organization, two ancient tombs in Namwon and Hapcheon contain Japanese(Nihon shoki) names. (Remnants of Imperialist Cultural Invasion)
2) Many Koreans are unaware that the Gaya Tumuli was restored based on a colonial history perspective manipulated by Japanese imperialism. (Imperialistic Colony History)
3) The Cultural Heritage Administration of Korea secretly proceeded with the documentation of the Gaya Ancient Tombs to be publicly listed as a UNESCO World Heritage Site and wrote all the documents. (Secret Administration)
4) Therefore, the many Korean organizations are announcing to Korean citizens the troublesome problems of the registration of the Gaya Ancient Tombs as a World Cultural Heritage, which is fabricated. We expect to re-apply the Gaya Tumuli World Heritage Site based on the truth by March 2025(Government and citizens working together). (Request for a moratorium)
5) If a due diligence investigation team visits the Republic of Korea to promote the registration of the UNESCO Review Team inevitably, we would like to meet with scholars of this group and other officials to ensure the right to refute. (Interview Requested)

Attachments

1. Recommendations and supplementary explanations are given to the UNESCO World Heritage Center: Attachment 1 (English translation)
2. Gaya History (Gayasa) and the Gaya Ancient Tombs are manipulated. Attachment 1 (including Change of Name in the Korean Language)
3. The people of the Republic of Korea are responding in this way. Attachment 1 (Introduction of Three Organizations)
4. One copy of recent press releases. Attachment 1
5. A photograph protesting the registration of the Gaya Ancient Tombs as UNESCO as a colonial historical museum. Attachment 1

National Alliance of Righteous Gaya History and Revising Colonial History

Forwarder : (Chairman) Lee, Young Joong/ (English Translator) Shin, Ho Jun
Cellphone :
010-3639-5033 /82-10-3639-5033 (in Seoul, Korea)
email :
tkfkdhfma@gmail.com / lee291838@naver.com
Joint Sending Organizations :
National Alliance of Righteous Gaya History and Revising Colonial History includes many organizations.

<Attachment 1>

Recommendations and Supplemental Explanations for UNESCO World Heritage Center

The Republic of Korea was once invaded by Japanese imperialism, but its history is older than Japan's. Ancient Korea has many records, sites, and artifacts. This can also be checked through various Korean cultural heritages listed in the UNESCO World Heritage Site. The Republic of Korea has overcome the war and achieved many developments, but it has yet to clear up the history of colonial history distorted by Japanese imperialism a century ago. It is true that the Cold War confrontation caused long division and lost the opportunities to revise our past. As a result, the scholars who follow the colonial history created by Japanese imperialism are still in a prominent role in the historical society, which is pitiful.

Now the people who have realized the truth are promoting questions, so it is a matter of time that colonial history is cleared up. We will cooperate with the Korean government to restore the Gaya cannon history, which was not distorted by Japanese imperialism, and then re-apply the Gaya Tumuli as a UNESCO World

Heritage Site within three years. The Alliance requests UNESCO to review the attached documents and make another decision.

Among the applications (draft) submitted to your decision-makers, there are two ancient tombs in Namwon and Hapcheon, which contain the names of Japanese imperialistic history studies, "Gimunguk" and "Daraguk" (Dharakguk), and I would like to clarify that these two were the result of imperialist cultural invasion.

1. Japanese imperialism began to fabricate historical claims in Gaya(加耶; 伽倻), which was located in the southern part of Korea, as an ancient Japanese colony Imna(任那) even before they forcibly occupied Korea entirely in 1910. With this, there was a logic created in Japan to colonize Korea. This is the typical course of the imperialistic invasion. In 1926, the Japanese Government-General of Korea(朝鮮總督府) organized the Joseon History Compilation Committee(朝鮮史編修會) to distort and compile Korean history politically. Even after the liberation, the organization has twisted Korean history and academia. The scars of imperialist cultural invasion are too deep. The Alliance would like to objectively prove the process of changing the two geographical names in question among the historical distortions of Japanese imperialism.

○ Masamoto(菅政友): He published three volumes (1893), including 『Imnago(任那考)』, claiming that the Gaya in southern Korea was an old Japanese colony(Imna).

○ Nakamura(那珂通世): Written <Garago(加羅考)> (1894), distorted the name Gaya in southern Korea as Imna, a colony of ancient Japan(Yamato).

○ Sokichi Tsuda(津田左右吉): In 1913, page 134 of <Imna Domain Record(任那疆域考)> sector in 『The Geography of Joseon History(朝鮮歷史地理志)』, the Yamato claimed to rule the southern part of the Korean Peninsula as a subordinate. In the appendix of this book, a map of <Imna Multi States Map(任那列國圖)> was drawn to distort the southern part of the Korean Peninsula as a colony of the Yamato. Like this, There had been attempts to change the Korean name to the Japanese one.

○ Imanishi Ryu(今西龍): In 1922, Gimun Banpa Go, South Korea, distorted the southern Jeolla province of Namwon as the ancient Japanese colony "Gimun." (Gimun in trouble is from this paper)

○ Suematsu Yasukazu(末松保和): In 『The Rise and Fall of Imna History(任那興亡史)』 (1949, 1956), it distorted Hapcheon, Gyeongsangnam-do in the southern part of Korea as "Dara" as an ancient Japanese colony (1956 edition of p.47s). (Dara in trouble comes from this book) In addition, this book became the basis for distorting the history of Gaya.

2. After forceful occupation by Japanese imperialism, the Japanese created an 'Imna Ilbon-bu(任那日本府; Imna Japanese Colony Theory)' logic that annexed Gaya in the southern part of the Korean peninsula from 369 CE to 562 CE and

established colonial rule consolidating it as imperialism national power. After the Japanese defeat in WW2, however, the number of scholars who followed the discipline of Imperial Japanese history never decreased in number. Besides them, Korean conscientious scholars criticized this logic, and Chinese scholar Wang Jian Jun(王健群) defined Imna as 'impossible' for the Japanese to establish a governing institution in the ancient Korean Peninsula. There is a negative view of the claim that Japan ruled the old Korean peninsula among Japanese scholars. In 2010, the Joint Research Committee of Korean-Japanese Joint Historical Research Committee (韓日歷史共同研究委員會) concluded that historians from both countries would not use Imna Ilbon-bu as the academic term.

3. Nevertheless, the fact that Imanishi Ryu(今西龍: 1875~1932), who belonged to the Government-General of Joseon, changed Namwon to "Gimun Guk," and Suematsu Yasukazu(末松保和: 1904~1992), who succeeded Imanishi, fixed Hapcheon to "Dharakguk" was the result of the colonial rule theory (Imna Japanese Colony Theory). Imanishi Ryu and Suematsu Yasukazu worked for many years at the Joseon History Compilation Society(朝鮮史編修會), a colonial cultural invasion organization (今西 1925~1932, 末松 1928~1935). These are scholars who cooperated with the unjust war of aggression. Japanese imperialism changed the names of all individuals to Japanese style after occupying Korea and changed the terms of the Gaya region to Japanese style. Among them are "Gimun" and "Dara." Gimun and Dara have different views, even among scholars in Korea, so some say it's Daemado(對馬島) and some say it's the Kyushu(九州) region of Japan. Because there is no such unified doctrine, it is difficult to adopt.

4. Historical material such as "Gimunguk" in Namwon and "Daraguk" (or "Dharakguk") in Hapcheon have not existed in the name of ancient Korean history but only appear in the 『Nihon Shoki(日本書紀)』 which the Japanese imperialists believe. This history book was used as a theoretical basis for the invasion of Japanese imperialism. Because this book is highly manipulated, Korean scholars criticize it as a 'fake record,' and there is a critical view even in Japan. Therefore, the name of two ancient tombs, "Gimunguk" and "Daraguk," among the seven ancient tombs, have significant defects. We will refer to the standard views of South and North Korean scholars to revise this false nomination. It will take some time to revise and correct this matter.

5. Gaya is a country founded by King Suro and Queen Heo in the 1st century CE. Although these contents are recorded in the historical documents and remain, including the royal tomb, the site and artifacts are still not recognized by scholars who follow Imperial Japan history. Ancient Korean history books 『Samguk Yusa(三國遺事)』 and 『Samguk Sagi(三國史記)』 stated that Gaya was founded in the 1st

century CE but Korean historians, who follow the Imperial Japan history, reject this clear evidence because their academic power will collapse if they admit it. While Joseon Governor General history perspective scholars deny King Suro's founding of Gaya in 42 CE, the Alliance would like to ask back what it means the registration of the heritage without the founding fathers of the nation. We think the first thing to correct the basic perception of history, even if it is late to be listed by UNESCO. It will also take a long time to revise and update the comprehensive history of Gaya. This historical revision will be a collaborative effort between governments and citizens.

6. The Cultural Heritage Administration of Korea is secretly pushing ahead with registering the Gaya Ancient Tombs as a UNESCO World Heritage Site, just like a black military operation. It has also gone ahead with a wide range of academic discussions without inviting various scholars. This is a mockery of UNESCO charters and spirits, and it also violates Koreans' sentiment.

7. "The General Collection of Research on Gaya Tumuli(가야 고분군 연구 총서)," published by a minimal number of biased scholars requested from the Cultural Heritage Administration of Korea, is a one-sided book written about 110 years ago under Imperial Japan history. This is a criminal act that deceived the Korean people and the universal conscience of the world against all types of imperialist aggression. It is believed that the listing as a World Heritage Site based on the history manipulated by imperialism goes against the UNESCO Charter and violates the spirit of the agency seeking to establish world peace through history and culture. Also, it is not an academic style, and it is not allowed from the standpoint of Koreans who are trying to leap forward as an advanced country. We expect that UNESCO will not agree with the logic of the great powers just in case.

8. If the UNESCO(ICOMOS) Inspectors of the Gaya Ancient Tombs come to Korea, they shall meet with the scholars and citizens who have raised such a question and reflect on the registration request. And If you need further clarification on this memorandum, we may send our delegation to Paris. Thank you. End.

2022(4355). 4. 1.

National Alliance of Righteous Gaya History and Revising Colonial History
Committee on Buddhist Countermeasures to Revision History
Standing Committee of the Gaya Kingdom History
(Corporation) The Righteous History Council for the Future
  (In addition, Gyeongnam Solidarity of Righteous Gaya History/ Citizens' Association to Correctly Know Gaya History in Namwon/ Citizens' Solidarity to Build History Correctly in Gaya Namwon-City, etc.)

- WHC/23/45. COM/INF. 8B4의 86~87쪽 Factual Errors

| Page 87, left column, paragraph 1, line 4 | Research at approximately 780 burial grounds as well as the historical records point towards the existence of seven polities belonging to the Gaya Confederacy: Geumgwangaya, Aragaya, **Daraguk**, Daegaya, Sogaya, **Gimunguk**, and Bihwagaya. | Research at approximately 780 burial grounds as well as the historical records point towards the existence of seven polities belonging to the Gaya Confederacy: Geumgwangaya, Aragaya, Daegaya, Sogaya, Bihwagaya, and the Gaya polities respectively located in the present-day Ssangchaek area and Unbong Plateau area.
* As explained in the documents the State Party has additionally submitted, names referring to the Gaya polities responsible for the formation of the Okjeon Tumuli and the Yugok-ri and Durak-ri Tumuli differ across historical records (because place names were variously described during the process of oral transmission and of producing manuscripts). Given this, the State Party proposes to describe these two polities more flexibly as suggested above. The State Party considers that the existence of diverse names for referring to the individual Gaya polities has no bearing on any attributes of the property that convey its Outstanding Universal Value. | ICOMOS notes that the names of the Daraguk and Gimunguk polities have been used on different occasions throughout the nomination dossier.

ICOMOS acknowledges this editorial change. |

Factual errors letters   WHC/23/45.COM/INF.8B4 p. 86

- RELEVANT ADVISORY BODY'S EVALUATION 관련 자문 기구 평가: ICOMOS

| Page 87, left column, paragraph 1, line 4 | Research at approximately 780 burial grounds as well as the historical records point towards the existence of seven polities belonging to the Gaya Confederacy: Geumgwangaya, Aragaya, **Daraguk**, Daegaya, Sogaya, **Gimunguk**, and Bihwagaya. | Research at approximately 780 burial grounds as well as the historical records point towards the existence of seven polities belonging to the Gaya Confederacy: Geumgwangaya, Aragaya, Daegaya, Sogaya, Bihwagaya, and **the Gaya polities respectively located in the present-day Ssangchaek area and Unbong Plateau area.**
* As explained in the documents the State Party has additionally submitted, names referring to the Gaya polities responsible for the formation of the Okjeon Tumuli and the Yugok-ri and Durak-ri Tumuli differ across historical records (because place names were variously described during the process of oral transmission and of producing manuscripts). Given this, the State Party proposes to describe these two polities more flexibly as suggested above. The State Party considers that the existence of diverse names for referring to the individual Gaya polities has no bearing on any attributes of the property that convey its Outstanding Universal Value. | ICOMOS notes that the names of the Daraguk and Gimunguk polities have been used on different occasions throughout the nomination dossier.

ICOMOS acknowledges this editorial change. |

Factual errors letters WHC/23/45.COM/INF.8B4 p. 86

- 문화재청이 유네스코에 최종 서한문으로 발송한 내용

문 화 재 청

수신 가야사바로잡기전국연대
(경유)
제목 민원(1BA-2204-0633576) 처리결과 안내

1. 안녕하십니까, 귀 기관에서 접수하신 민원(신청번호 : 1BA-2204-0633576)에 대해 다음과 같이 답변드립니다.

2. 문화재청은 '21년 2월 유네스코에 제출한 「가야고분군」 등재신청서에, 합천 '옥전고분군'과 남원 '유곡리와 두락리 고분군'을 조성한 가야 정치체의 명칭을 '다라국'과 '기문국'으로 기술하였습니다. 다만 이후 두 고분군을 조성한 가야 정치체의 명칭에 대해 다양한 의견이 있어, '22년 4월 유네스코에 <'다라국'을 '쌍책 지역 일대의 가야 정치체'로, '기문국'을 '운봉고원 일대의 가야 정치체'로 표현하고자 한다>는 내용을 전달하였음을 알려드립니다.

3. 문화재청은 귀 단체를 포함한 모든 국민이 가야고분군의 세계유산 등재 추진을 진심으로 환영할 수 있도록 노력하고 있습니다.

4. 세계유산에 대한 귀하의 관심과 애정에 감사드리며, 가내 행복과 건강을 기원합니다. 답변 내용에 대해 추가로 궁금한 점이 있으신 경우 문화재청 세계유산정책과 (042-481-4618, pyr1101@cha.go.kr)로 연락 주시면 성실히 안내해 드리겠습니다. 끝.

문 화 재 청 장 인

1 - 1

• 유네스코 세계유산 센터에 정정을 요청한 공식 문서

Form for the submission of Factual Errors in the Advisory Bodies Evaluations Annex 12

**FORM FOR THE SUBMISSION OF
FACTUAL ERRORS IN
THE ADVISORY BODIES EVALUATIONS**

(in compliance with Paragraph 150 of the *Operational Guidelines*)

STATE(S) PARTY(IES): Republic of Korea

EVALUATION OF THE NOMINATION OF THE SITE:

RELEVANT ADVISORY BODY'S EVALUATION[1]:

Page, column, line of the Advisory Body Evaluation	Sentence including the factual error (the factual error should be highlighted in bold)	Proposed correction by the State Party	Comment (if any) by the Advisory Body and/or the World Heritage Centre
	Darakguk		
	Gimunguk, Nihon Shoki		

- The Factual Errors submission form, as well as an example of such a completed form, are available from the UNESCO World Heritage Centre and at the following Web address: http://whc.unesco.org/en/factualerrors.
- Further guidance on the submission of Factual Errors can be found in Paragraph 150 of the *Operational Guidelines*.
- ~~States Parties are requested to immediately submit this information in electronic format or by e-mail to wh-nominations@unesco.org.~~

---

[1] For nominations of mixed sites, if there are errors in both the Evaluations of the Advisory Bodies, separate forms should be submitted for each Advisory Body indicating which Advisory Body's Evaluation each submission is referring to.

Operational Guidelines for the Implementation of the World Heritage Convention

Form for the submission of Factual Errors in the Advisory Bodies Evaluations Annex 12

The original signed version of the completed Factual Errors submission form should be received in English or French by the UNESCO World Heritage Centre, at the following address: 7 place de Fontenoy, 75352 Paris 07 SP, France, no later than 14 days before the opening of the session of the Committee.

- 유네스코 세계문화유산 센터 본부가 보내온 답변서 원본

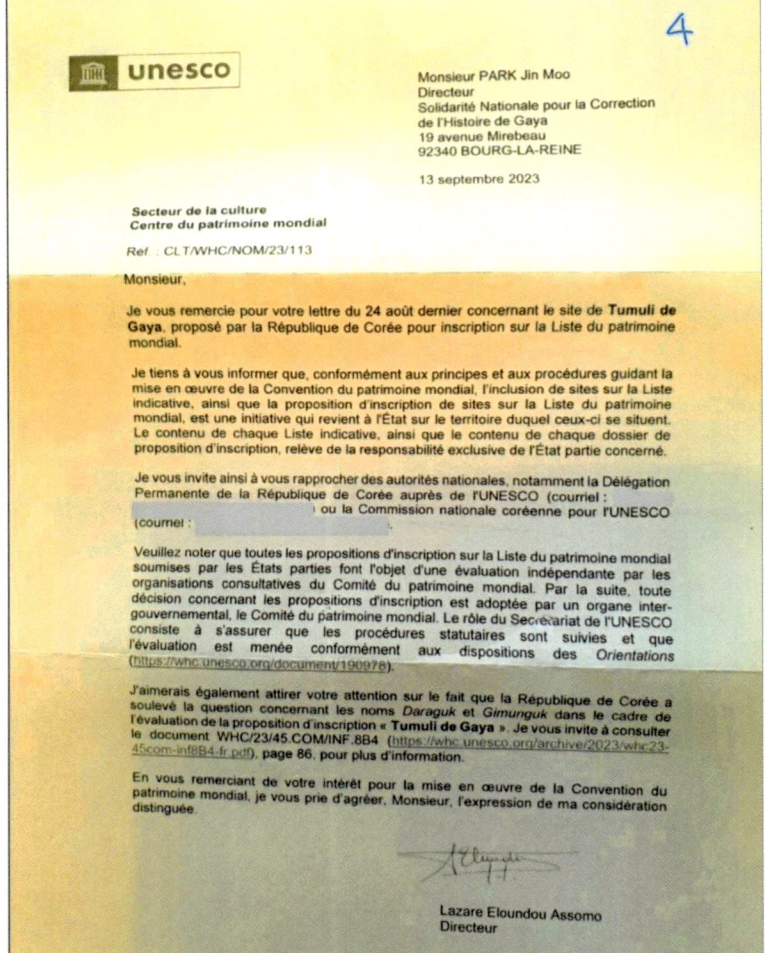

- 문화재청 세계유산 정책과에서 보내온 공식 문서

- 문화재청 세계유산 정책과에서 보내온 공식 문서 답변

- 문화재청 세계유산 정책과에 보낸 공식 문서

- 문화재청 세계유산정책과에서 보내온 공식 문서 답변

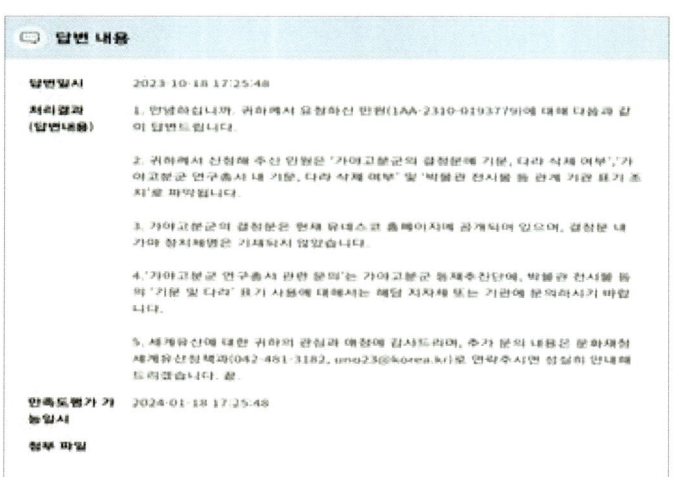

부록 Ⅱ.

식민사관 청산 경남연대 활동 요약

1. 창립대회와 조직화 (2021~2022)
- 2021년 11월 20일, 경상남도교육청 시민 공감 홀에서 '경남연대 창립총회' 개최.
- 경남연대 운영위원 8명, 회원 약 60명으로 출발. 이후 '창원연대', '부산연대', '가락종친회 비대위' 등과 연합 조직 확산.

2. 주요 활동과 성과

- 전국연대 연수회 2회 주최(함안 드윌 연수원).
- '가야사 쟁점 학술토론회'(2022.6.30, 경남도의회) 주관. 100여 명 참가.
- 경북 상주 함창·문경 고녕가야 역사 복원 대회(1박 2일)

없는 살림, 십시일반 자기 돈 들여가며 1박 2일로 열린 문경 역사 복원 운동에 전국 시민 역사학자들이 모여 다양한 연구 방향성 발표와 토론회를 열었다. 이튿날 상주·함창·문경 역사 복원을 위해 고녕가야 선양 회원들이 함께 함창역 '고녕가야' 역사 복원 운동 집회도 참가했다. 또 전국 역사 시민사회 단체 대표들이 '머리 뫼' 돌을 바라보며, 1769년 만에 고천제를 올렸고, 역사 복원 다짐을 하며 진행한 읍내 행진에는 주민들의 박수 소리가 끊어짐이 없었다.

역사 매국 사학계가 흔적조차도 말살시켜 반드시 없애야만 했던 경북 상주·함창 고녕가야가 꼭 복원되기를 되살아 나기를 모두 기원했다!

고녕가야 역사 복원이 바로 되면, 상주·함창 역사가 바로 서고, 상주·문경이 바로 되면 경북 역사가 문화관광 활력으로 복원되고, 경북이 바로 서면 대한민국 역사도 새롭게 정립된다! 우리는 모두 한마음으로 기원하였다.

- 지역 언론 인터뷰·기고 및 팸플릿 1,500부 이상 배포.
- 김해·산청·경주 등지에서 사진전 및 시민 홍보전 개최.
- 부산 BBS, MBC 라디오 인터뷰로 여론 확산.

3. 재정과 연대 활동

- 자발적 후원 중심의 운영.
- 광주·전남·전북·경북 지역 시민연대와 지속 협력.
- 2023년 이후 『부산시사』·『전라도천년사』·『부산시사』 등 지방자치단체가 왜곡 편찬하는 『관찬사』 폐기 운동 참여.

4. 학술 출판 성과

- 『일본 극우의 역사침탈과 한국의 역사 매국 사학』 소책자 제작, 배포.
- 공동 대표 도명 스님 『가야 불교, 빗장을 열다』, 『비문전쟁(碑文戰爭)』 출간.
- 다큐멘터리 영화 「허황옥 3일」 단체 관람.

부록 III.

식민사관 청산 운동 전개

국립김해박물관 앞에서 전개된 시민 역사광복군 전국 궐기대회.

"역사는 겨레의 얼과 혼이다. 국립김해박물관은 '임나' 관련 기록을 모두 즉각 삭제하라. 문화재청은 '한반도 임나설(가야국=임나)·임나일본부설'을 바탕으로 합천 다라국, 남원 기문국 정치체 명칭 등재 신청을 철회하라. 정부는 식민사관으로 편찬된 한국사 교과서를 폐기하고 '대한민국 역사교과서'를 발간하라."

국립김해박물관 앞 궐기대회 후 행진으로 수로왕릉 앞 집회.

국립김해박물관 대강당 학술토론회

• 『김해시사』 제2권 최종본 집필 문제 2차 확인 폐기 요구

발제자: 전 경남도의원 김영진

『김해시사』 편찬에 있어 가장 큰 문제 가운데 하나는 시(市) 발간 관찬 역사서의 성격이 '통사(通史)'라는 것을 인지하지도 못하고 있다는 사실이다. 개인의 '연구 성과'라는 미명으로 서로 다른 내용을 실어 집필자들 상호 간에도 일관성이 전혀 없는 자료집에 불과하다. 김해시의 지역성·역사성·정체성에 부합하는 큰 줄기의 역사적 사실을 바탕으로 각 분야를 꿰뚫어 보고 한두 권으로 서술되어야 하고, 그 외 나머지는 『김해시사』 '연구 자료집'으로 하면 된다. 가야국 건국도 서기 42년으로 끝내면 될 것을 개관 편에다 12명의 잡다한 주장을 실어 혼란만 불러일으키고 있다. 이는 '시사 편찬'이라는 궁극적인 성격과 큰 의도에도 완전히 배치된다.

날조한 개인 생각과 주장으로 집필된 김해시의 관찬사(史) 편찬은 중단해야 하며, 『김해시사』 제2권에 '이영식·김태식·백승충·백승옥·조원영·남재우·이연심·이근우'가 쓴 글은 『일본서기』에만 나오는 '한반도 임나설(가야국=임나)' 관련 서술로 아주 촘촘하게 끼워 넣기 수법으로 서술해 놓았기에 '끼워 넣기'로 서술한 내용은 삭제해야 한다.

이제는 시민들이 『일본서기』에만 있는 '한반도 임나설'이 어느 곳에 어떤 형식과 내용으로 어떻게 왜곡·조작·날조하여 서술해 놓았

는지를 다 찾아낸다. 그 용어 서술을 한반도의 '경상도와 전라도' 지역에 비정(비교하여 정함)하지 않고, 그 용어 위치를 고대 '대마도와 규슈 지역, 왜(倭) 열도' 안에 비정하면 문제 될 게 하나도 없다. 그 내용들만 빼 버리고 읽어 보면 너무 쉽게 이해할 수 있고, 더 빨리 잘 알 수가 있다.

부록 IV.

시민 역사운동의 의의

- 유네스코 세계유산 등재 과정에서 시민·학계·종교계가 함께 연대와 협력으로 '다라국·기문국' 삭제라는 역사적인 성과를 달성.
- 가야국 역사의 주체성을 회복하고, '식민사관 청산'이라는 국가적 과제를 자발적이고 실천적 운동으로 전환한 첫 사례.
- 식민사관 청산 경남연대를 비롯한 각 지역 사회 시민단체 연대는 역사 정의 실천과 민주적 문화정책의 새로운 모델로 평가받음.

부록 V.

세계유산 등재 전·후 국내 대응 조치와 과제

민족주의 역사학자들의 역사관을 소개한다.

"우리가 우리 '민족 시각과 사관'으로 역사를 보면 '우리'가 보이고, 우리가 일본 사람 시각으로 우리 역사를 보게 되면, 일본 사람들 시각으로 '우리'가 보인다."라고 강동민(한민족문화연구원 이사장) 교수는 말하였다.

또한 심백강(민족문화연구원 원장)은 "한 민족의 긍지와 자부심을 세우는 데 '역사' 만큼 중요한 것이 없고, 한 민족의 정체성과 민족혼을 말살시키는 데에도 역사를 '왜곡'하는 것만큼 손쉬운 것이 없다."라고 말하였다.

고조선 연구의 권위자 단국대 사학과 윤내현[95] 명예교수는 "역사학은 1차 문헌 사료를 토대로 비판을 기본으

로 하는 학문이다."라고 하였다.

식민사관을 추종하는 강단의 매국사학자들과 논문으로 맞서 싸운 최재석 교수는 그의 저서 『삼국사기 불신론 비판』에서 "식민사관은 전혀 극복되지 않았으며, 지금도 대한민국의 역사관은 조선총독부가 관장하고 있다고 보아도 다름이 아닌 상황이다."라고 했다.

윤내현 교수와 최재석 교수의 뒤를 잇는 민족 사학자 이덕일(한가람역사문화연구소) 교수는 "일제 조선총독부 직속의 조선사편수회가 뿌리 깊도록 심어 놓은 현재의 한국 강단 식민사학은 "임나는 가야다 '왜'가 고대부터 한반도 남부를 지배하였다. 낙랑군은 한반도 평양에 있었고 북한은 고대부터 중국 땅이었다. 고려는 한반도 2/3만 차지했다. 정조는 독살당하지 않았다. 일제 때 조선은 근대화가 되었다. 독도는 일본 것이다. 독도를 한·일 간에 공동 영유해야 한다. 일본군 '위안부'는 자발적인 일이었다."라는 헛소리를 유튜브 '이덕일 역사 TV'를 통해 강도 높게 비판했다.

---

95) 윤내현 교수는 역사 매국사학으로부터 '강단의 유사 사학자'라는 비아냥을 들으며 간첩으로 몰리는 수모를 당하였다.

독일 교육에서는 가장 중요한 것이 "비판적(批判的) 사유(思惟)를 할 수 있는 능력(能力)을 길러 주는 것"이라 말하였고, 오로지 "죽은 물고기만이 강물의 흐름을 따라 흐른다."라는 오랜 속담도 있다.

우리나라 국내 각 박물관의 전시 기록물에 대해 수정 요청 사례는 일본 극우파와 한국 강단 식민사학자들이 보는 '시각과 역사 관점'으로 우리 역사를 바라보는 것이 아니라, 우리 한국 사람이 똑바로 보는 '민족적 시각과 역사 관점'으로 우리 역사를 바라보는 관점으로 서술해야 한다는 필자의 신념에서 각 박물관을 돌아보며 지적한 내용들이다.

1. 국내 대응 조치

2023년 9월 17일, 유네스코 세계유산위원회는 '합천 다라국'과 '남원 기문국'이라는 『일본서기』식 국명을 삭제하고 '가야 고분군' 세계유산 등재를 최종적으로 확정했다. 그러나 등재 결정 이후에도 국내 박물관 전시 기록물과 안내문에는 여전히 '한반도 임나설(가야국=임나)' 표현이 그대로 남아 있다는 지적이 이어졌다. 이에 따라 시민사회 단체와 지역의 전·현직 시·도·국회의원들은 국가유산청 과 각 지자체에 즉각적인 명칭 정정과 전시 기록물 개선 조치를 촉구하였다. 특히 2024년 1월 22일 재개관한 국립김해박물관은 '한반도 임나설(가야국=임나)'과 관련된 문구를 완전히 삭제함으로써 공공기관에서 공식적으로 일제 식민사관 잔재 용어를 청산한 첫 사례를 기록했다.

2. 각 박물관 별 과거 왜곡 사례들

(1) 김해 대성동 박물관

> **왜日本 문물의 보물창고, 대성동 88호분 덧널무덤**
> Japanese Wa's Treasure House of Civilizations, Daeseong-dong Tomb No. 88 Wooden Chamber Tomb
> 倭(日本)文物の宝庫, 大成洞88号墳の木槨墓
>
> **김해 대성동박물관**
>
> 대성동 88호분 덧널무덤은 남북향으로 위치하고 덧널의 맞물림흔적은 'ㅍ'자로 추정된다. 도굴이 전체적으로 이루어졌지만, 봉분의 함몰토에서 청동투겁창 1점, 쇠도끼 14점, 큰항아리 1점이 수습되었고, 바닥에서 빠화살촉군·쇠화살촉군, 덩이쇠 4점, 가지창 1점, 바람개비모양 청동기 13점, 금동허리띠, 은·동제 칼집장신구, 가락바퀴모양석제품 2점, 원통모양청동기 3점, 토기 5점, 옻칠흔 등이 조사되었다. 특히 바람개비모양 청동기는 왜계 위세품으로 우리나라에서 대성동고분군에서만 출토된다. 한 무덤에 부장된 바람개비모양 청동기의 수량이 일본을 능가하는 점에서 금관가야와 왜의 교섭은 대성동고분집단이 철저히 통제한 것으로 추정된다.

첫 문장부터 간교하게, 대성동 박물관은 '왜(日本) 문물 보물창고'라고 인식하도록 써 놓았다.

기존 전시에서는 『일본서기』의 '한반도 임나설'을 반영한 설명이 존재, 일부 도표에서 '가야=임나'라는 식의 식민사관 표현으로 서술하였다. 2024년 초 전면 개편으로 '가야국은 독창적인 기술을 바탕으로 한 철기 문명국'이라는 서술로 교체했다.

(2) 함안박물관

안라고당회의(529년) : 『일본서기』 기록에는 신라국에 멸망한 '남가라(김해라고 왜곡·억단臆斷)와 탁기탄을 재건하기 위한 회의'라고 하였다.

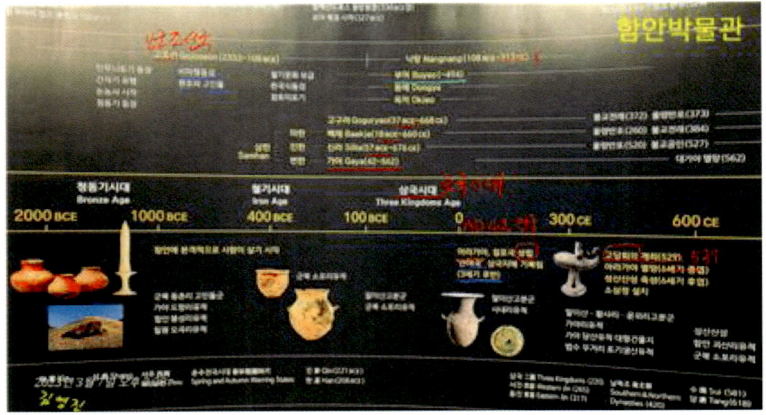

　가락국이 532년 멸(滅)하는데, 그 이전으로 3년 전에 '재건회의'를 열었다는 황당한 내용이다. 이 시기는 삼국시대가 아니라 '5국 시대', 또는 '열국 시대'라고 해야 맞는 표현이다.

　그 외 '임나일본부설'이 전시, 도해에 반영되어 있었음. 2024년 상반기부터 '가야 연맹체' 대신 '가야국'으로 표기 수정 요구 중. 시민단체는 '연맹체' 용어 자체가 식민사관 잔재임을 지적. 연표에 『일본서기』에 등장하는 '고당회의'가 잔존 해 있음. 함안군 홈페이지 등에 '안라국 역사'가 남아 있음. 안라국을 '아라가야' 또는 '아시량국'으로 수정 요구.

　(3) 고성박물관

　『일본서기』 임나 10국에 속한 고차국은 일본 규슈에 있었던 고대 우리의 작은 마을들(분국) 가운데 하나다. 고성 소가야와 아무런 관련이 없다. 어찌 왜(倭)의 식민지 고차국이 이곳이란 말인가!

전시 내 '고차국' 명칭과 지도 표현이 『일본서기』식 서술. '소가야 =고차국'이라는 비정이 그대로 인용되어 있어 국내외 연구자들의 지적 대상이 됨. 2024년 말까지 전면 교체 예고.

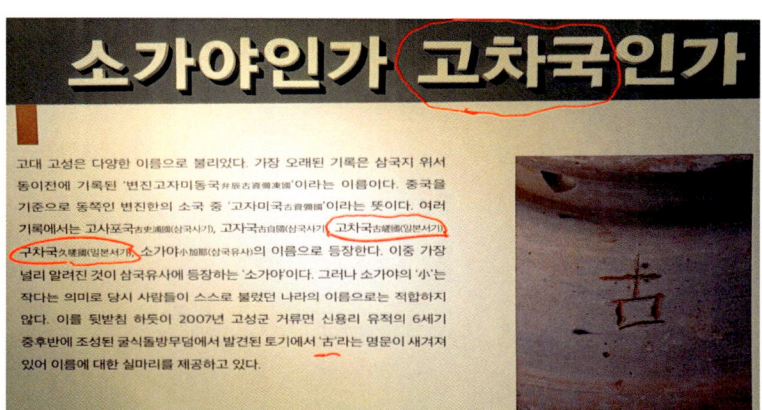

(4) 창녕박물관

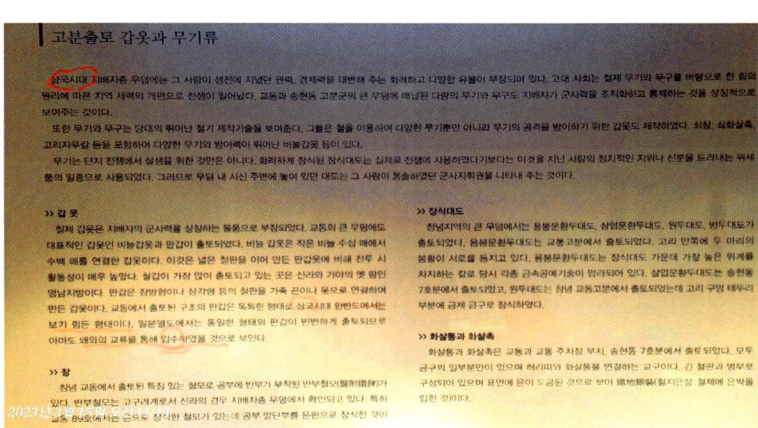

당시 왜(倭)는 철기 제조 기술도 없고, 백제국의 제후국이었는데, 마치 왜(倭)에서 문물을 수입해 온 것처럼 간교하게 왜곡·조작 기록해 놓았다. 또한『일본서기』신공 49년에 조작·날조 기록인 '임나일본부설'을 간도 크게 통째로 기록해 놓았다.

(5) 남원 유곡리와 두락리 고분군 홍보관

2022년 1월 19일에는 기문국으로 썼던 글을 운봉가야 정치체로 바꿔 놓았으나, '운봉가야' 명칭도 조작(造作)에 불과하다.

발굴된 대다수 유물은 대가야국과 백제국 계통이다.『일본서기』의 다라국을 그대로 표기해 놓았다.

바깥에 전시 기록들은 기문국을 그대로 써 놓았고, 일본식 한자 기록이 많다. 가늘고 긴(세장), 굽다리접시(고배), 그릇받침(기대), 항아리(장경호) 등의 우리말 기록 방식은 고성박물관을 좀 보고 배워야만 하겠다.

(6) 고령 대가야박물관

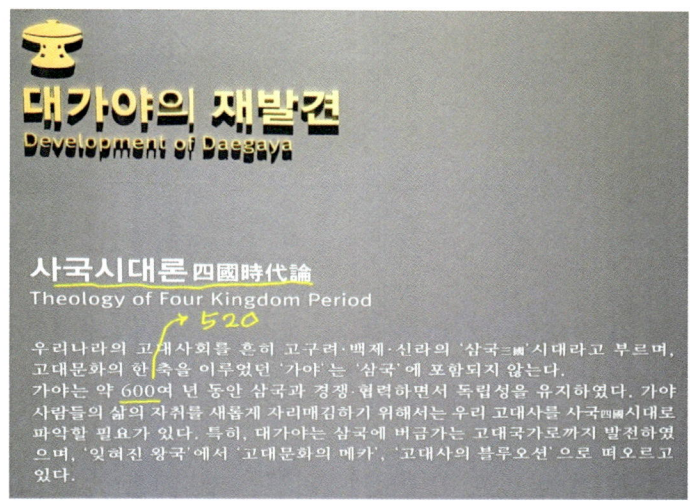

대가야국은 서기42년 건국 후 562년 9월 멸망했다. 이진아시왕부터 도설지왕까지 520년간 존속했다.

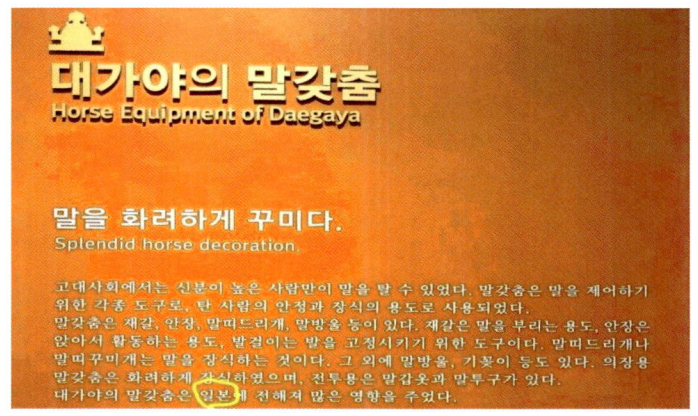

일본을 '왜(倭)'라 표기해야 한다. 일본(日本) 용어는 670년경에 첫 기록이 나온다. 그 이전 1차 문헌 사료의 기록에서 왜(倭)는 왜구·왜적·왜인으로 노략질을 일삼아 주로 추격·격퇴와 멸(滅)의 대상이었다.

3. 과제

- 국립김해박물관, 2024.01.22. '한반도 임나설(가야국=임나)·임나일본부설'을 완벽히 삭제했고 대대적인 홍보와 칭찬이 필수적이다.
- 김해 대성동, 함안, 창녕, 남원, 고성의 박물관 전시 기록물 전면 수정 중이나 대성동과 합천박물관은 여전히 완전 삭제를 하지 않고 있다. 지속적인 지적과 확인을 해야 한다.
- 국가유산청, 2024년 8월 '박물관 전시 진단 TF' 구성 후 그 실적을 확인해야 한다.
- 시민사회 단체와 학계가 공동으로 모니터링단 조직하여 활동을 지속해야 한다.

4. 각 지자체와 정부의 후속 조치

시기	주요 내용	주관 기관
2023.10	문화재청, '가야 고분군 관리·보존 협의회' 발족	문화재청
2023.12	경남도청, '가야사 왜곡 정비 전담팀' 신설	경상남도
2024.01	국립김해박물관 '임나일본부설' 전시 삭제 완료	국립김해박물관
2024.03	합천·창녕·고성 등 박물관 개선 계획 보고	각 지자체
2024.05	전국 시민단체 공동 성명 — '7개 박물관 기록 즉시 수정' 발표	식민사관 청산 전국연대
2024.08	문화재청 '박물관 전시 진단 TF' 구성	문화재청·학계 연합

5. 시민사회와 학계의 비판 요지

(1) 서술에서 드러난 문제점

① 대부분의 박물관 전시 기록물과 해설에서 『일본서기』에만 나오는 용어와 여전히 한반도 임나설(가야국=임나)의 잔재가 존재함.

② '가야 연맹체', '원삼국시대' 등 식민사관 용어를 무 비판적으로 서술하고 '금관가야'와 같은 1차 문헌 사료상에는 전혀 근거가 없는 날조된 표현들.

③ 일본식 한자 표기(예: 일본(日本), 고차국, 비자발) 남용.

④ 현재 인터넷과 모든 SNS 정보 검색에서는 100% 한반도 임나설(가야국=임나)로 도배가 돼 있다.

(2) 개선 방향

① 모든 박물관의 전시 기록에서 『일본서기』에만 나오는 국명과 용어를 한반도 남부 경상도와 전라도 지역에다 비정한 것을 모두 삭제해야.

② '연맹체' 용어 대신 '가야국'으로 표기하고, '원삼국시대' 대신 '초기 철기시대', 김해를 '금관가야'로 서술하고 홍보한 것을 '가락국'으로 기술해야.

③ 발굴된 유물·유적과 문헌 사료에 있는 기록 해설을 『삼국사기』, 『삼국유사』의 기록을 바탕으로 재정비해야.

④ 시민사회 단체와 학계가 공동 모니터링단을 운영하여 지속적으로 수정, 개선 체계를 구축해야.

6. 결론:
각 박물관 기록 바로잡기, 인터넷·모든 SNS에 서술 바로잡기

운동의 의의

가야국 고분군의 세계유산 등재 기록을 바로잡는 것은 끝이 아니라, 이제 시작일 뿐이다.

이제부터 과제는 1차 문헌 사료와 발굴된 유물·유적의 사실성과 진실성을 바탕으로 진정성이 담보되는 전시 기록물이 되게 전시해야 한다. 또 '한국인 다운 바른 역사관 회복'이 그 무엇보다도 더 중요하고, 우리 '문화유산의 자주적인 해석'의 출발점이다.

각 지역 박물관과 학계, 시민사회 구성원들이 함께 왜곡된 표기를 바로잡고자 할 때, 가야국의 진정한 정신을 되살릴 수 있다. 그때 비로소 유네스코 세계유산으로 등재된 가야국 고분군의 참다운 가치와 그 의미가 한층 더 빛나고 완성된다. 이는 대한민국 바른 역사관 회복을 견인할 게 틀림없다고 확신한다.

- 국립김해박물관, 2024년 1월에 재개관 때 '한반도 임나설(가야국=임나)'을 완전히 삭제했다.
- 함안·합천·남원 등의 박물관 전시 기록물 전면 수정 중이다.
- 국가유산청, 2024년 8월 '박물관 전시 진단 TF'를 구성했다.
- 시민사회 단체와 학계가 공동 모니터링단 구성 활동을 지속하고 있다.

부록 VI.

바른 역사 용어

해방 80주년이 지났는데도 아직도 '역사 광복'은 이루지 못하였다. 일상생활 속 간교한 '토착 왜구' 관점의 용어를 한국인 관점으로 바꿔야만 용어 사용 의미 전달에 헷갈림도 없다.

- 매국 (친일)
- 매국노·부일배(附日輩) (친일파) 이완용 등 정미 7적과 경술 5적
- 매국문인 (친일문인) 이광수, 이은상 등
- 매국경찰 (친일경찰) 노덕술, 하판락 등
- 반민족행위자 (친일반민족행위자)
- 반민족행위자사전 (친일인명사전) 4,389명
- 대일항전기 (일제강점기, 일제시대)
- 독립항전가 (독립운동가) : 의열단·의사·열사, 봉오동·청산리 전투가 어찌 운동이 될 수 있는가.
- 3·1혁명 (3.1운동 아님)- 세상 어디에 이런 '운동'이 있을 수가 있겠는가!
  참여 인원이 200만여 명에 이르고, 만세 시위 건수가 1,542회, 사망자가 7,509명, 부상자가 15,961명, 체포된 사람이

46,948명이다. 일제 조선총독부도 106만여 명이 참가해, 7,509명이 사망하고 4만 7천여 명이 구속되었다고 기록했다. 대한민국 임시정부 연통제에 보고된 최소 피해 상황은 총 참가 인원은 2,023,098명이다.

- 역사 매국 사학 (친일 강단 식민사학)
- 역사 매국노 (친일 강단 식민사학자)

또한 대한민국 훈장·포장의 역사는 매국노들 역사이기에 국립현충원에 묻힌 매국노들을 파묘하고 독재자의 역사를 재검증 후에 다시 훈장·포장을 해야 한다. 128년이나 된(1897년) 일제 잔재 유치원 명칭을 유아 학교로 바꿔야 한다. 황국신민학교의 준말인 '국민학교'를 초등학교로 바꿨던 것처럼 말 이다.

국가보훈처와 행정안전부 홈페이지 등 정부24 행정 용어도 더 정확히 바꿔야 한다.

- 의사 : 나라와 민족을 위해 항거하다가, 의롭게 돌아가신 분들을 일컫는다. 성패와 상관없이 무력을 통해 적에게 대항한 인물이다. 안중근 · 윤봉길 · 이봉창 의사 등이 있다.
- 열사 : 나라를 위해서 저항하다 의롭게 돌아가신 분, 주로 맨몸으로 싸우다 돌아가신 분을 가리킨다. 강력한 항의의 뜻으로 자결을 선택한 분들도 포함된다. 이준 · 민영환 열사, 유관순 열사 등이 있다.

- 지사 : 나라와 민족을 위해 일한 굳은 의지와 뜻을 품은 분들을 가리킨다. 의사나 열사와 달리 살아 있는 분들한테도 쓸 수 있다. 독립지사
- 의병 : 외적 침략에 맞서 나라를 위기에서 구하기 위해 스스로 일어난 민간 무장 조직. 창의군(昌義軍)으로 불리기도 함.
- 독립항전가(獨立抗戰家) : 대일항전기에 민족의 국권 수복을 위해 민족 독립 항전을 활발하게 하던 사람들을 일컫는 말.
- 독립유공자(獨立有功者) : '독립유공자 예우에 관한 법률'에 따른 공적 심사위원회의 공적 조서 심사·의결로 선정된 순국선열과 애국지사를 말한다.
- 순국선열(殉國先烈) : 일제의 국권 침탈(1895년 을사늑약) 전·후로부터 1945년 8월 14일까지, 국내외에서 일제의 국권 침탈에 대항하고, 독립항쟁으로 항거하다가 그 항거로 인하여 순국한 분. 그 공로로 건국훈장·건국포장 또는 대통령 표창을 받은 분.
- 애국지사(愛國志士) : 일제의 국권 침탈(1895년 을사늑약) 전·후로부터 국내외에서 일제의 국권 침탈에 대항, 독립 항전을 하며, 1945년 8월 15일에 광복을 맞이한 분. 그 공로로 건국훈장·건국포장 또는 대통령 표창을 받은 분.

독립유공자 포상은 이러한 순국선열과 애국지사의 높고 거룩한 독립 정신을 계승·선양하고 배달민족 정기와 민족 단결을 고취하

며, 일제하 독립 항전에 헌신한 이들을 포상함으로써 그 공훈을 선양하는 사업이다.

독립유공자 포상은 단지 유공자 개인을 선양한다는 차원을 넘어 독립항전사를 재정립하는 역사적 의의와 시민 역사의식과 국가관 정립에 중요 기능을 수행한다.

현재(2020년 10월) 전국 독립유공자는 16,282명이고, 경남은 1,039명이 있다. 반민족행위자(일제 매국노) 숫자는 국가공인(반민규명법) 1,006명이고, 친일인명사전 기준 4,389명 중 경남은 308명이다.

- 날조된 고대국가 명칭과 용어, 그 대체어(語)

식민사관 용어	대체어	설명 및 사용 이유
단군신화	단군 사화	'신화'라 하여 허구로 폄훼된 표현. '사화'는 역사적 정체성을 지닌 이야기임을 강조.
고조선 멸망	단군조선국 해체·계승기	단국조선국을 이은 세력은 완전 소멸이 아니라, 부여국·고구려국·동예·옥저·삼한, 백제국·신라국·가야국으로 계승됨.
위만조선	위만정권	'조선'의 정통성이 단절된 게 아닌, 서쪽 변경의 거수 '정권'으로 표현.
한사군 설치	한(漢)4군 점령지 설치	'설치'는 행정 용어다. 실제는 무력 점령 행위.
진번·임둔 폐지	한(漢) 점령지 축소	'폐지'가 아니라 한(漢) 제국의 통치력 약화의 결과.
부여 멸망	부여국 재편기	멸망이 아닌, 지배층 이동과 정치 세력의 재편.
가야 소국 연맹체	1왕 5주 정치체	왜(倭) 열도로 이동이 자유로웠다.
임나일본부설	한반도임나설 (가야국=임나)	일제가 조작한 가야국 역사 왜곡의 대표 사례
삼국시대	5국 시대	동이족들이 열국시대를 거쳐 최소한 부여국, 고구려국, 백제국, 신라국, 가야국 등으로 정치체를 밝힘.
원삼국시대	초기 철기시대	원삼국시대는 원시시대와 삼국시대의 합성 용어이고, 발굴된 유물·유적과 그 시기가 비교도 되지 않는다.
금관가야	가락국	문헌 사료에 기록된 '금관가야'란 표기는 단 하나도 없었다.
통일신라	대신라	대진국에 상응하는 의미로 대신라 국명으로 바꿔야 한다.
발해	대진국	'발해'라는 국명은 중국 측에서 부르던 명칭이며, 고구려국 후손 대조영이 건국한 국명은 대진국이다.
유치원	유아 학교	비록 어린아이일지라도 한 인격체이지, 나이가 어리다고 수준이 낮거나 미숙하다고 표현하는 것은 바르지 못한 표현이다.

참고 문헌

1. 자료

- 경상남도(경상남도사편찬위원회) 발행, 「慶尙南道史」
- 재)경남문화예술진흥원 수행처, 경남신문 인쇄, 2020, p159~160쪽.
- 김정호, 『대동지지』
- 『金海金氏王世寶』
- 『삼국사기』
- 『삼국유사』
- 『삼국지』「위지」오환선비동이전 왜인조
- 『신증동국여지승람』
- 『신찬성씨록』좌경황별 길전연조
- 「양직공도」百濟國使
- 『輿地圖書 下』「慶尙道 草溪」
- 『일본서기』崇神 六十五年
- 『위서』「고구려열전」
- 정약용, 『아방강역고』
- 『초계군읍지(草溪郡邑誌)』〈奎17459〉.
- 『한국지명총람』(1980)
- 『한원(翰苑)』「백제전」
- 『陜川郡誌』「舊篇」(1981)
- 『陜川郡誌』「新篇」(1981)

2. 단행본

- 김인배·김문배 공저, 『日本書紀』, 「古代語는 韓國語」, 도서출판 빛남, 1991.
- 김석형, 『초기조일관계연구』, 사회과학원출판사, 1966.
- 末松保和, 『任那興亡史』, 吉川弘文館, 1949년.
- 백승옥, 『가야고분군 연구 총서 1권 가야사 총론』, 「가야와 중국・왜」, 가야고분군 세계유산등재추진단 발행, 2018.
- 이덕일, 『동아시아 고대사의 쟁점』, 만권당, 2019.
- 李丙燾·金載元, 『韓國史』 「古代 篇」, 乙酉文化史, 1959.
- 이종기, 「가야 공주 일본에 가다」, 기획출판 책장, 2006.
- 鮎貝房之進, 「日本書紀朝鮮地名考」, 昭和12年.
- 조영제, 『옥전고분군과 다라국』, 혜안, 2007.

3. 논문

- 김영진, 「가야고분군 세계유산 등재와 한류 국제화 방안 연구 -합천 다라국·남원 기문국 國名 중심으로-」, 순천향대학원 글로벌한류문화학과 석사학위 논문, 2025.
- 김명옥, 『역사와 융합』 제17집, 「허왕후는 만들어진 신화인가-김태식·이광수의 허왕후 신화연구 비판적 검토」, 2023.12.
- 김석형, 「삼한 삼국의 일본 렬도 내 분국들에 대하여」, 『력사과학』 63-1, 1963.
- 金煐泰, 「百濟 琳聖太子와 妙見信仰의 日本傳授」, 東國大學校 佛敎文化硏究所 『佛敎學報』 20, 1983.
- 김태식, 「사국시대의 가야사 연구」, 서경문화사, 2014.
- 남재우, 「가야사의 제문제」, 『가야사 연구의 진전을 위한 모색』, 창원대학교
- 경남학연구센터 아라가야 학술 총서4, 선인, 2022.
- 남재우, 「기록으로 본 가야문화의 성격」, 『口訣硏究』 第34輯, 창원대학교, 2013.
- 위의 논문, 창원대학교.

- 박창범·라대일, 「三國時代 天文 기록의 독자 관측 사실 검증」, 『한국과학사학회』 제16권 제2호, 1994.
- 윤창열, 「광개토대왕비문과 환단고기의 整合性」, 『세계환단학회지』 (5권 1호), 2018.
- 이병도, 「한국 고대 사회사 론고」, 한국학술정보, 2012.
- 이영식, 「가야사의 시기 구분과 공간적 범위」, 『가야고분군 연구 총서 1권 가야사 총론』, 가야고분군 세계유산등재주진단, 2018.
- 이영식, 「임나일본부에 대한 연구의 역사」, 『우리 역사를 의심한다』 (강만길 외 지음), 서해문집, 2002.
- 이춘선, 「가야 북부지역의 중심과 주변」 -가야 북부지역의 중심과 주변-, 국립가야문화재연구소(2022년 가야사 기획 학술 심포지엄), 2022.
- 정인태, 「아라가야 봉토분 축조기법과 매장 의례 검토」, 『가야사의 제문제 -가야사 새로 보기-』, 선인, 2022.
- 카미야 마사히로, 「후쿠오카현 코가시 후나바루 고분의 마주·마갑과 비단벌레 장식」 -이연삼엽문 심엽형행엽에 대하여-, 국립가야문화유산연구소, 2024.

4. 기타

- 경상남도의회 제392회 임시회 제2차 도정 질문 합천 다라국, 남원 기문국 국명(國名) 유네스코 등재에 심각한 문제 있다, 2022. 3. 17.
- http://hcinews.asia/index.do?menu_id=00000012&menu_link=/front/news/icmsNews/view.do&articleId=5576
- https://m.yna.co.kr/view/AKR20210628074200055?input=kkt
- https://www.knnews.co.kr/news/articleView.php?idxno=1043251
- https://www.knnews.co.kr/news/articleView.php?idxno=1181526
- www.gnmaeil.com, 경남매일, 2022.10.26.
- https://youtu.be/H4HxRJPL_b0?si=tCnR9bKuMJs6-rqe
- https://m.yna.co.kr/view/AKR20230130034600005

- 다나카 도시아키(田中俊明), 「다라국(多羅國)의 위상과 역할」 합천군, 경상대학교 박물관, 2013.11.07.
- 류금열, 「초팔국 강역 임나 다라국의 허구성 증명」, 문화재청 2021.
- 「100대 국정 과제 포함 '가야문화권 조사·연구' 본격화」, 『연합뉴스』 2017. 7. 20.
- 합천 쌍책면 가야시대 유일도성(都城) 최초 확인, 경남신문(knnews.co.kr) 2018.8.26.
- 「가야국 고분군 유네스코 세계유산 등재 확정까지 경과 활동 보고」, 식민사관 청산 전국연대, 2024.
- 「세계유산 등재 확정 후 국내 후속 조치 촉구 사례와 이행 상황」, 전국연대, 2024.
- 문화재청, 「가야고분군 등재 신청서 및 수정 공문」, 2023.
- 도명, 『가야불교, 빗장을 열다』, 2023.
- 이덕일 외, 『가야사의 쟁점』, 한가람역사문화연구소, 2022.
- UNESCO World Heritage Centre, WHC/23/45.COM/INF.8B4, 2023.
- 식민사관 청산 경남연대, 「역사교과서 바로세우기 보고서」, 2024.